लीडरशिप
के
फंडे

लेखक की पुस्तकें

जिंदगी न मिलेगी दोबारा
एन. रघुरामन
युवा भारत की नई पहचान
एन. रघुरामन
अब हमें बदलना होगा
एन. रघुरामन
फिर भी जिंदगी खूबसूरत है
लक्ष्य प्राप्ति के फंडे
इरादे हों तो ऐसे
जब सोचो बड़ा सोचो
एन. रघुरामन
इंसानियत के फंडे
खुशहाल फैमिली के फंडे
Happy फैमिली, Happy लाइफ
एन. रघुरामन
Positive सोच के फंडे
नए दौर के बिजनेस फंडे
Business की Wow सोच
जीवन जीने के फंडे
सफल बिजनेस के फंडे
लीडरशिप के फंडे
स्मार्ट बनने के फंडे
एन. रघुरामन

लीडरशिप के फंडे

एन. रघुरामन

प्रभात पेपरबैक्स
www.prabhatbooks.com

प्रकाशक

प्रभात पेपरबैक्स

4/19 आसफ अली रोड, नई दिल्ली-110002

फोन : 23289555 • 23289666 • 23289777 ❖ फैक्स : 23253233

इ-मेल : prabhatbooks@gmail.com ❖ वेब ठिकाना : www.prabhatbooks.com

संस्करण

2016

मूल्य

एक सौ पच्चीस रुपए

अ.मा.पु.स. 978-81-7315-885-8

मुद्रक

नरुला प्रिंटर्स, दिल्ली

LEADERSHIP KE FUNDE

by N. Raghuraman

Published by **PRABHAT PAPERBACKS**
4/19 Asaf Ali Road, New Delhi-110002

ISBN 978-81-7315-885-8

₹ 125.00

पूज्य

माता जयाकल्याणी

एवं

पिता वी. नटराजन को समर्पित,

जिन्होंने मेरी क्षमताओं पर विश्वास किया

कि मैं इस दुनिया के लिए कुछ

अच्छा कर सकता हूँ।

वे मेरे मन-मस्तिष्क में

सदैव अंकित रहेंगे।

दो शब्द

प्रसिद्ध ब्रिटिश दार्शनिक लॉरेंस स्टेम ने 17वीं सदी में कहा था, 'ज्ञान की भूख समृद्धि की भूख की तरह होती है। जितनी मिलती है, भूख उतनी ही बढ़ती जाती है।' लॉरेंस स्टोम की यह छोटी बात बड़ा इशारा करती है। आज का युग ज्ञान का युग है। चहुँओर फैले ज्ञान के इस असीम सागर से कुछ मोती चुनकर लाना आसान नहीं होता। वक्त की आपाधापी में हम अपने बीच ही घटनेवाली कुछ बातों को अनदेखा कर जाते हैं। कुछ ऐसे भी लोग हैं जो इन्हीं बातों का मतलब गहराई से समझते हैं और दूसरों को वही अर्थ सरल भाषा में समझाते हैं। ऐसे ही मानकों पर खरा उतरता है एन. रघुरामन का मैनेजमेंट फंडा। भारी और लच्छेदार वाक्यों का इस्तेमाल किए बगैर, जीवन की हकीकत और जीवन प्रबंधन की कला आम पाठकों तक पहुँचाने का सहज माध्यम साबित हुआ है, दैनिक भास्कर और दिव्य भास्कर का नियमित स्तंभ, 'मैनजमेंट फंडा'।

वर्ष 2003 में विविध क्षेत्रों से जुड़ी जानकारियाँ सहज-सरल भाषा में आम पाठकों तक पहुँचाने के लिए मैनजमेंट फंडा की शुरुआत हुई। धीरे-धीरे यह स्तंभ लोकप्रियता के नित नए सोपान चढ़ता गया। यहाँ तक कि साल के 365 दिन पाठकों को इसका इंतजार रहने लगा। आज यह स्तंभ गागर में सागर की तर्ज पर ज्ञान समेटे हुए है। इसकी मदद से जीवन के विभिन्न क्षेत्रों और स्थितियों को देखने का नजरिया विकसित होता है। जीवन का कोई क्षेत्र शायद ही रघुरामन की नजर से बचा हो। यह पुस्तक उनके आठ वर्षों में प्रकाशित स्तंभों का चुनिंदा संग्रह है। उम्मीद है कि पुस्तक विभिन्न उम्रवय के पाठकों में मूल स्तंभ की तरह ही लोकप्रिय होगी और उन्हें विभिन्न स्थितियों में आगे बढ़ने की राह दिखाएगी।

—रमेश चंद्र अग्रवाल

अध्यक्ष

भास्कर समूह

आभार

मेरे द्वारा लिखित स्तंभों का इस पुस्तक के रूप में आना कई शुभचिंतकों के सहयोग से ही संभव हो सका है। सबसे पहले मैं दैनिक भास्कर समूह के प्रबंध निदेशक, श्री सुधीर अग्रवाल का आभार व्यक्त करना चाहूँगा, जिन्होंने मुझमें विश्वास व्यक्त किया कि मैं साल के 365 दिन और सालो-साल किसी एक विषय पर लगातार लिख सकता हूँ। उनकी प्रतिबद्धता और मुझमें विश्वास ने मुझे अभिव्यक्ति के लिए मंच प्रदान किया। मैं विज्ञापन प्राप्त करने के दबाव से मुक्त होकर निरंतर लेखन कर पा रहा हूँ और इससे मुझे करोड़ों पाठकों का असीम प्रेम मिल रहा है।

अपनी पत्नी प्रेमा और बेटी निशेविता, जिसके क्रमिक विकास से मुझे मैनेजमेंट के नए सिद्धांत और सूत्र मिले, की धैर्यपूर्ण भागीदारी के प्रति भी मैं आभार प्रकट करना चाहूँगा। दैनिक भास्कर और डी.एन.ए. समूह के वरिष्ठजनों और सहयोगियों की चिंतनशील सोच और सहयोग के बिना मेरे लेखन को सार्थकता नहीं मिलती; इन सबका मैं कृतज्ञ हूँ—सर्वश्री रमेश चंद्र अग्रवाल, सुधीर अग्रवाल, गिरीश अग्रवाल, पवन अग्रवाल, के.यू. राव, आर. जगन्नाथन, राजकुमार केसवानी, एन.के. सिंह, विजय शंकर मेहता, निहार रंजन सक्सेना, रवींद्र सोनी, गीत चतुर्वेदी, किशोर राठौर, कल्पित मानकिकर, देवेंद्र गोरेगाँवकर, नारायण साहू।

अनुक्रम

आउटसोर्स कर्मचारी को भी प्रशिक्षण दें

हम सभी की जिंदगी में आउटसोर्सिंग बेहद आम हैं। रोजमर्रा के काम, जैसे फर्श व फर्नीचर की सफाई, कपड़े धोने अथवा बरतन साफ करने के लिए हम बाहर के लोगों की सेवाएँ लेते हैं। कई बार बीमार अथवा बुजुर्ग की देखभाल करने, कार धोने अथवा भोजन पकाने के लिए भी हमें बाहरी लोगों की सेवाओं की जरूरत होती है। इन कर्मचारियों से मिलनेवाली सेवा की गुणवत्ता हमारी अपेक्षा के अनुरूप उच्च स्तर की हो, इसका निर्धारण हम किस तरह से करते हैं?

सीधी सी बात है, काम की प्रकृति के बारे में जानकारी, प्रशिक्षण, दिशा-निर्देश, समय-समय पर मूल्यांकन और सुधार के सुझाव देकर ही हम इनकी सेवाओं को और प्रभावी बनाते हैं। इनमें से किसी भी चीज की कमी सेवा की गुणवत्ता में कमी लाने के अलावा बाद में उसकी प्रभावशीलता पर असर डालती है। संपूर्णता के साथ काम करनेवाले कुछ लोग सेवा उपलब्ध करानेवाले व्यक्ति द्वारा काम समाप्त करने के बाद दोबारा उसी काम को करते हैं। इस तरह आउटसोर्सिंग फिजूल हो जाती है।

अब इस चीज को वृहद रूप में देखें। हममें से अधिकतर जिन हाउसिंग सोसाइटीज में रहते हैं, उनकी सुरक्षा, विद्युत् व्यवस्था और जल-आपूर्ति प्रबंधन, साफ-सफाई, पेस्ट कंट्रोल के लिए महानगरों की प्रत्येक हाउसिंग सोसाइटी में छोटी-छोटी संस्थाएँ काम करती हैं। इन सोसाइटीज में भी ये सेवाएँ आउटसोर्स की जाती हैं, लेकिन इन सेवाओं की गुणवत्ता अलग-अलग होती है। अकसर यह गुणवत्ता मानवीय श्रम की आपूर्ति करनेवाली संस्था के स्थापित ब्रांड के अनुरूप नहीं

होती। हालाँकि यह स्पष्ट है कि ऐसी सर्विस प्रदाता छोटी-बड़ी कंपनियों के कर्मचारियों की प्रोफाइल कमोबेश एक ही तरह की होती है। फिर अंतर कहाँ पड़ता है? अंतर पड़ता है सर्विस प्रोवाइडर (सेवा प्रदाता) द्वारा शुरुआती दौर में दिए गए प्रशिक्षण से। काम के दौरान ग्राहक द्वारा दी गई ट्रेनिंग से फर्क तो पड़ता है, पर बहुत ज्यादा नहीं। बड़ी संस्थाओं और व्यावसायिक प्रतिष्ठानों में हम ऐसी ही आउटसोर्स सर्विसिंग देख सकते हैं। सुरक्षा, हाउस कीपिंग, फैसिलिटी मैनेजमेंट, टी बॉय और कैफेटेरिया सर्विस, ट्रैवल ऐंड टिकिटिंग सर्विस और ऐसी ही तमाम अन्य सेवाओं को प्रत्येक संस्थान की आवश्यकता के अनुरूप ढाला जाता है। यहाँ भी हम एक समान चलन देखते हैं। यहाँ भी सेवा की गुणवत्ता संबंधित व्यक्ति की प्रतिभा की गुणवत्ता के सापेक्ष होती है। कई बार यहाँ इसका सीधा संबंध प्रशिक्षण के स्तर से जुड़ा होता है, जो उसे सेवा प्रदाता संस्था द्वारा अपने और ग्राहक की जरूरतों के अनुरूप दिया जाता है। सोसाइटी और मैक्रो स्तर पर इस तरह की समस्याएँ कॉल सेंटर्स, डीएसए, बीपीओ, विशिष्ट किस्म की सेवाओं और उच्च शिक्षा से जुड़े क्षेत्रों में देखने में आती हैं।

फंडा *यह है कि आउटसोर्स किए गए कर्मचारियों के लिए भी प्रशिक्षण बहुत जरूरी है, ताकि संस्था को गुणवत्ता प्रधान कार्य की निर्बाध आपूर्ति जारी रहे।*

□

योग्य कर्मचारियों के लिए प्रशिक्षण कार्यक्रम चलाएँ

ऐसे समय में जब आए दिन कर्मचारियों में मौजूदा कंपनी को छोड़कर नई कंपनी ज्वॉइन करने की होड़ मची हो, मैनेजमेंट गुरुओं ने संदिग्ध मन से ही सही, धीरे-धीरे इस बात से इत्तेफाक रखना शुरू कर दिया है कि एक नियमित प्रशिक्षण प्रणाली के जरिए ही कंपनियाँ अपने यहाँ एक सक्षम कर्मचारी वर्ग का निर्माण कर सकती हैं या फिर उन्हें बनाए रख सकती हैं।

नियमित प्रशिक्षण कार्यक्रम से न केवल कर्मचारी समूह कार्यकुशल और सक्षम बना रहता है, बल्कि योग्य और जरूरी कर्मचारियों की निरंतर आपूर्ति भी कायम रहती है। जब प्रशिक्षण कार्यक्रम एक कंपनी का अभिन्न अंग बन जाता है, तो इससे एक संकेत जाता है कि नियोक्ता कंपनी अपने कर्मचारियों के उत्थान और उसके कॅरियर की प्रगति में व्यक्तिगत रुचि ले रही है। इससे कर्मचारियों का मनोबल हमेशा ऊँचा रहता है और वे कंपनी के कामकाज में बढ़-चढ़कर रुचि लेते हैं। आखिरकार इसका लाभ कंपनी को ही मिलता है। सेवा क्षेत्र में कार्यबल कंपनियों की बड़ी थाती होता है। दरअसल, जब भी किसी संस्था की किसी नए स्थान पर स्थापना हो, तो उसे विभिन्न संस्कृतियों के मिलन-केंद्र के रूप में विकसित किया जाना चाहिए। इससे देश के किसी भी हिस्से से आए कर्मचारी के लिए एक-दूसरे से न सिर्फ कुछ नया सीखने का मौका मिलेगा, बल्कि कर्मचारियों में एक-दूसरे के प्रति गहरा लगाव भी पैदा होगा। यह संस्थान के कामकाजी माहौल को अनुकूल भी बनाता है।

माइक्रोसॉफ्ट और इंफोसिस जैसी आईटी कंपनियों में हर कर्मचारी को, चाहे

वह कितना भी वरिष्ठ या अनुभवी हो, साल में 40 घंटे के प्रशिक्षण कार्यक्रम से गुजरना पड़ता है। यह कार्यक्रम कर्मचारी के अनुसार भिन्न-भिन्न तरह का और कर्मचारियों की कंपनी में भावी जरूरतों के अनुसार होता है।

फंडा *यह है कि अगर कंपनियाँ अपने हित और कर्मचारियों के कॅरियर तथा उनकी प्रगति को एक-दूसरे के साथ जोड़कर देखती हैं और उसके अनुसार प्रशिक्षण जैसे उन्नतिकरण कार्यक्रम की व्यवस्था करती हैं, तो कंपनी को योग्य और सक्षम कर्मचारियों की कभी कमी नहीं होगी।*

□

अपनी नौकरी कभी भी सुरक्षित न समझें

हाल ही में मेरी मुलाकात रेलवे के एक कर्मचारी मित्र से हुई। वह इस बात से काफी खीझा हुआ था कि आज के प्रतिस्पर्द्धापूर्ण समय में अतिरिक्त कमाई कर पाना बालू से तेल निकालने जैसा हो गया है। फिर मैंने उससे पूछा कि अतिरिक्त कमाई से तुम्हारा मतलब क्या है? उसका जवाब था, ऐसी कोई आय, जो कि रेलवे की उसकी नौकरी से मिलनेवाली निर्धारित मासिक आय से अलग हो।

मैंने अपने दोस्त से आगे पूछा कि तुम अपनी अतिरिक्त कमाई कैसे करते हो? फिर उसने बताना शुरू किया कि वह कैसे अपने रेलवे की नौकरी करने के बाद शाम 6 बजे से रात 10 बजे तक 20 किलोमीटर दूर अपने ग्राहकों से मिलने जाता है। कभी-कभी घर से 40 किलोमीटर दूर तक यात्रा करनी पड़ती है। मैंने उससे पूछा कि रेलवे में 8 घंटे की ड्यूटी करने के बाद तुम थक नहीं जाते? इस पर उसने बताया कि रेलवे में काम करने के लिए कुछ खास होता ही नहीं।

यह जवाब सुनकर मेरे दिल से एक आह सी निकल गई। फिर एक ठंडी साँस लेते हुए मैंने उससे कहा कि हम जैसे कॉरपोरेट लाइफ जीनेवालों को अपना मासिक वेतन भी निकालना कितना मुश्किल होता है। हमें करीब-करीब 14 घंटे तक रोज काम करना पड़ता है। ऐसे में अतिरिक्त कमाई के लिए सोच पाना भी मुश्किल होता है। इस पर उसकी आँखें फटी-की-फटी रह गईं। उसको ताज्जुब हुआ कि हम अतिरिक्त कमाई नहीं कर सकते।

इस पूरे वार्त्तालाप का संदेश यह लगता है कि हम अपनी सरकारी नौकरी को कितना हलके में लेते हैं। अधिकतर कर्मचारी समझते हैं कि एक बार सरकारी

संगठन में काम मिल गया तो वह उनकी अपनी खेती हो गई, बिलकुल सुरक्षित हो गई। एक बात गौर करनेवाली है कि जैसे-जैसे वैश्वीकरण हो रहा है, प्रतिस्पर्द्धा बढ़ती जा रही है। ऐसे माहौल में कोई भी नौकरी सुरक्षित नहीं रह गई है। जहाँ तक अतिरिक्त कमाई की बात है, ईमानदारी से काम करनेवालों के जीवन में वह स्वयं आती है।

फंडा *यह है कि आप स्वयं को हमेशा स्थायी रूप से असुरक्षित जॉब में समझें। आप मानें या न मानें, आपकी अतिरिक्त कमाई पर कभी भी विराम नहीं लगनेवाला है। यह हमारे सोचने का तरीका है, जो हमें किसी खास तरह के खाँचे में डाल देता है।*

□

संगठन में किसी की भूमिका कमतर नहीं

व्यावसायिक संगठनों को तमाम तरह के लोगों की जरूरत होती है। कंपनी के संसाधनों को मैनेज करनेवालों से लेकर गेटकीपर तक।

बिलकुल हाथ की तरह, जिसकी सभी उँगलियाँ बराबर तो नहीं होतीं, लेकिन किसी की भूमिका कमतर भी नहीं होती। यदि हम चाहें कि सभी उँगलियों को खींचकर बड़ा कर दिया जाए, तो क्या हाथ दक्षता के साथ अपना काम कर पाएगा, कतई नहीं। वैसे यह संभव भी नहीं है। इसलिए यदि कोई मैनेजमेंट अलग-अलग जिम्मेदारी निभानेवाले अपने कर्मचारियों से एक-दूसरे के जैसा परफार्म करने की उम्मीद रखे, तो यह मूर्खता होगी। अपने देश में जैसे-जैसे प्रोफेशलिज्म बढ़ा है, मैनेजमेंट इस मामले में बहुत सतर्क हो गया है। कहीं कोई घालमेल नहीं है। वित्तीय प्रबंधन का काम सीए प्रोफेशनल्स करते हैं तो मार्केटिंग व इमेज मैनेजमेंट का काम दूसरे प्रोफेशनल्स। अगर 20-25 साल पहले की स्थितियों पर नजर डालें तो पता चलता है कि कई संस्थानों में मुनीम जैसी गद्दी हुआ करती थी और वहीं से बहुत कुछ संचालित होता था। अब परिदृश्य बदल चुका है।

प्रतिस्पर्धा के दौर में सफलता के मायने बदल गए हैं और सफलता हासिल करने के तरीके भी। पुराने जमाने में हर मर्ज की दवा मानी जानेवाली मुनीम की अवधारणा अब काम नहीं कर सकती। कहने का मतलब यह है कि संगठन के हर विभाग का काम महत्त्वपूर्ण है और इनकी आपस में तुलना नहीं की जा सकती। अब तो वित्तीय प्रबंधन का काम देखनेवाले सीए प्रोफेशनल्स और मार्केटिंग व इमेज मैनेजमेंट की जिम्मेदारी सँभालनेवाले प्रोफेशनल्स दो आँखों की

तरह हैं या कहें कि एक ही सिक्के के दो पहलू हैं। आप सबकुछ ठीक से तभी देख सकेंगे जब दोनों आँखें दुरुस्त होंगी, या सिक्के को लें, तो दोनों पहलुओं में से एक भी गड़बड़ हुआ तो सिक्का नहीं चलेगा। कल मैंने अपने कॉलम में जो बात कही थी, वह भी इसी परिप्रेक्ष्य में कही थी, न कि एक-दूसरे की तुलना करने के मक़सदवाली। इस संदर्भ में आईसीएआई की सेंट्रल काउंसिल के सदस्य विजय गर्ग ने हमसे बात की और वह इस बात से सहमत हैं। लेकिन मैं इतना जरूर कहना चाहूँगा कि मैंने जो उदाहरण कल दिया था, उसमें किसी के प्रति कोई दुर्भावना नहीं, बल्कि यह समझाने की कोशिश थी कि वित्तीय प्रबंधन और मार्केटिंग दोनों अलग-अलग काम है, और दोनों की जरूरतें तथा स्किल्स भी अलग-अलग हैं। जो स्किल एक जगह आपके लिए एसेट है, वही दूसरी जगह पूरी तरह निगेटिव रिजल्ट देनेवाला हो सकता है। फिर भी यदि किसी की भावनाओं को चोट पहुँची हो तो मैं क्षमा चाहता हूँ।

फंडा *यह है कि संगठन के हर विभाग का काम महत्त्वपूर्ण है और इनकी आपस में तुलना नहीं की जा सकती।*

□

कर्मचारियों को सपने देखने और उन्हें पूरा करने का अवसर दें

ऐसी कंपनियाँ बहुत कम देखने को मिलती हैं, जो अपने कर्मचारियों के सपनों के बारे में जानने को उत्सुक होती हैं। अगर वे अपने कर्मचारियों से पूछती भी हैं, तो इस बात की संभावना होती है कि कई कर्मचारियों के पास अपने सपनों के बारे में कहने के लिए कुछ नहीं होता। इस सबके बावजूद अगर कर्मचारी अपने सपनों के बारे में बता सकते हैं, तो उनमें से कइयों को इस बारे में पता नहीं होता कि इन सपनों को कंपनी के अंदर या इससे बाहर पूरा कैसे करें?

कई मैनेजमेंट विशेषज्ञों का मानना है कि किसी भी कंपनी और कर्मचारियों के अपने सपनों को एक साथ पूरा करने का एक ही रास्ता है कि हर कर्मचारी से पूछा जाए कि अपने और कंपनी के बारे में उसके सपने क्या हैं? रूपांतरण बदलाव की माँग करता है, इसलिए इसकी गति धीमी होती है और प्राय: इस प्रक्रिया को विरोध का सामना करना पड़ता है। अकसर लोगों और संगठनों को बगैर दिशा-दशा जाने मैनेजमेंट पर अधिक जोर देते देखा जाता है। इसमें संदेह नहीं कि मैनेजमेंट के तौर-तरीकों का भी अपना महत्त्व है, लेकिन जब किसी संगठन या कंपनी के कायाकल्प की बात आती है तो इसका मतलब कर्मचारियों में होनेवाले बदलाव से होता है। ऐसे मैं अगर कंपनी और कर्मचारी दोनों के कायाकल्प की प्रक्रिया चलती रहे, तो इसके अनुकूल परिणाम मिलने की संभावना ज्यादा होती है।

इस पूरी कवायद की सबसे बड़ी समस्या यह है कि कई लोग अपने सपनों को साकार करने के लिए पर्याप्त समय नहीं देते, क्योंकि वे सप्ताह के सातों दिन 18-18 घंटे कोल्हू के बैल की तरह काम में जुटे रहते हैं। दूसरी ओर जिनके पास

समय का उपहार होता है, वे सपने देखना मानो अपनी तौहीन समझते हैं। वे अड़ियल बैलों की तरह अपनी जगह पड़े रहने में ही मस्त रहते हैं; क्योंकि बड़े सपनों को पूरा करने के लिए उनकी मौजूदा आराम की जिंदगी में खलल पड़ता है और इसके लिए अतिरिक्त कोशिश करना तथा समय देना पड़ता है।

फंडा *यह है कि जब कंपनियाँ अपने और कर्मचारियों के सपनों के माध्यम से एक-दूसरे के प्रति लगाव पैदा करती हैं, तभी वे अपने चहुँमुखी विकास के पथ पर अग्रसर होती हैं।*

□

कुशल कर्मचारियों की कमी

एक आर्थिक सर्वेक्षण में यह बात उजागर हुई है कि कुशल कर्मचारियों और श्रमिकों की कमी के कारण विभिन्न कंपनियों और संगठनों को न केवल स्टाफ की भारी कमी का सामना करना पड़ रहा है, वरन् प्रशिक्षित और प्रतिभाशाली कर्मचारियों की सीमित संख्या को लेकर इनके बीच छीना-झपटी भी मची हुई है। इसके अलावा लागत-आधारित मुद्रास्फीति में भी बढ़ोतरी हो रही है। अगर इस पर समय रहते नियंत्रण नहीं किया गया तो देश की अर्थव्यवस्था को भारी नुकसान पहुँच सकता है। सर्वेक्षण के अनुसार, कुशल कर्मचारियों की कमी के कारण कुछ व्यावसायिक क्षेत्रों में कीमत संबंधी मिलनेवाला लाभ भी हाथ से जाता रहेगा।

कुशल कर्मचारियों की कमी से जूझ रहे प्रमुख क्षेत्र हैं—टेक्नोलॉजी, ऑउटसोर्सिंग। अर्द्धकुशल श्रम आधारित क्षेत्र, जैसे निर्माण और रिटेल, नागरिक उड्डयन, कंस्ट्रक्शन व वित्त जैसी आधुनिक सेवाएँ इत्यादि।

सर्वे की रिपोर्ट में यह सुझाव दिया गया है कि पेशे की जरूरत के मुताबिक शिक्षा और नौकरी के लिए आवश्यक हुनर की भारी माँग की पूर्ति करने के लिए प्रतिष्ठित विदेशी शैक्षणिक संस्थानों को देश में प्रवेश के नियमों में ढील दी जानी चाहिए। समस्या से निपटने का एक और रास्ता यह भी है कि किसी काम के लिए जरूरी स्टाफ की नियुक्ति सीधे कॉलेज कैंपस से की जाए और योग्य स्नातकों को बाकायदा प्रशिक्षण प्रदान किया जाए। अगर मौजूदा कंपनियाँ सस्ते और किसी भी प्रतिस्पर्द्धा से जूझने लायक सक्षम कर्मचारी चाहती हैं तो उन्हें शैक्षणिक संस्थानों से युवा और जोशीले पेशेवरों को लेकर उन्हें तैयार करना पड़ेगा। ऐसा चलन शुरू भी हो गया है। मुंबई में एक-दो संगठन विश्वविद्यालयों और कॉलेजों से गठबंधन करने

जा रहे हैं, जो उद्योग जगत् की माँग के अनुरूप अपने पाठ्यक्रम में बदलाव करेंगे। इन विश्वविद्यालयों से निकलनेवाले स्तनाक सीधे जॉब के लिए तैयार होंगे।

> **फंडा** *यह है कि योग्य कर्मचारियों की भारी कमी और प्रशिक्षित व कुशल कर्मचारियों की सीमित संख्या की समस्या से निपटने के लिए कंपनियों के पास विकल्प मौजूद हैं। बस उन्हें कॉलेज और विश्वविद्यालयों से सीधे संबंध कायम कर अपनी जरूरत के अनुसार कर्मचारी हासिल करने होंगे। इस तरीके से ये कंपनियाँ शिक्षित बेरोजगारी की समस्या का समाधान निकालने में भी मददगार साबित हो सकती हैं। इसके अलावा कंपनियाँ इससे अपनी बढ़ती लागत में भी कटौती कर सकती हैं।*

□

कर्मचारियों की आदतों को पहचानें

कामकाज के बीच कर्मचारियों द्वारा तनाव कम करने, गपशप करने या धूम्रपान करने के लिए ब्रेक लेना कोई असामान्य बात नहीं है। कर्मचारियों के ऐसे व्यवहार के प्रति आमतौर पर कंपनियों का रुख उदासीनता भरा या आँख मूँद लेनेवाला होता है। वे इस बात का खयाल नहीं करतीं कि इस तरह कंपनियों का रवैया खुद उनके ही हितों के लिए नुकसानदेह साबित हो सकता है।

संयुक्त राष्ट्र मादक द्रव्य और अपराध कार्यालय (यूएनओडीसी) के अनुसार कर्मचारियों की इस तरह की गतिविधियाँ ऊपर से देखने में तो ज्यादा हानिकर नहीं दिखतीं, लेकिन किसी-न-किसी रूप में इससे संगठन, चाहे वह बड़ा हो या छोटा, के खजाने को भारी चूना लग रहा होता है। इसके अलावा अध्ययनों से यह भी पता चलता है कि बढ़ते तनाव और हमउम्र साथियों के दबाव के कारण तंबाकू या अल्कोहल की अनियमित आदत भी कर्मचारियों में धीरे-धीरे दूसरे गंभीर किस्म के मादक-द्रव्यों के सेवन से जुड़े खतरे को भी बढ़ा देती है। इससे आखिरकार अप्रत्यक्ष रूप से कंपनियों की लागत भारी पड़ने लगती है। शुरुआत में कर्मचारियों की सामान्य सी दिखनेवाली बुरी आदत धीरे-धीरे उनके कामकाज पर विपरीत असर डालने लगती है। इससे कर्मचारियों की उत्पादकता घट जाती है, उनके स्वास्थ्य पर प्रतिकूल प्रभाव पड़ता है और उनके गैर-हाजिर रहने के मामले बढ़ जाते हैं। न सिर्फ ऐसे कर्मचारियों को लेकर अनुशासनात्मक समस्या खड़ी होती है, बल्कि सहकर्मियों के साथ उनके संबंध बिगड़ने का खतरा होता है। इसके अलावा और भी कई तरह की समस्याएँ खड़ी होती हैं। इंडियन अल्कोहल पॉलिसी एलाइंस

के एक अनुमान के अनुसार कर्मचारियों की शराब पीने की आदत के कारण उद्योग जगत् को 7000 से 8000 करोड़ रुपए का सालाना नुकसान होता है। यूएनओडीसी ने सलाह दी है कि संगठनों को इस बात पर ध्यान देना चाहिए कि कामकाज या ब्रेक के दौरान उनके कर्मचारी क्या करते हैं। इससे न केवल उनकी उत्पादकता में सुधार आएगा, बल्कि कर्मचारियों की लाइफस्टाइल में भी सकारात्मक बदलाव देखने को मिलेंगे।

फंडा *यह है कि बिजनेस में ग्राहकों का खयाल रखना जरूरी है, मगर कंपनियों के अंदर कर्मचारियों की देखभाल भी समय की माँग हो गई है।*

□

अच्छा व्यवहार है व्यापार का आधार

हममें से हर कोई अपने आस-पास या शहर के किसी हिस्से में नए शॉपिंग सेंटर के खुलने को लेकर काफी उत्साहित हो जाता है। इसमें हैरानी की कोई बात नहीं है, क्योंकि स्वभावत: हम भारतीय शॉपिंग में काफी रुचि रखते हैं। खरीद-फ़रोख्त के प्रति हमारे इसी जुनून को भुनाने की नीयत से हर शॉपिंग सेंटर विज्ञापनों और पोस्टरों में लगभग हर प्रोडक्ट पर जबरदस्त छूट की झड़ी लगाने के साथ अपने आने की घोषणा करता है। लेकिन कई बार इन सेंटर्स के सेल्स-स्टाफ के खराब रवैये के कारण ग्राहक इनसे दूर होते जाते हैं और जल्द ही उनका इनके प्रति आकर्षण समाप्त हो जाता है। रिटेल ग्राहकों में असंतोष-विषय पर वर्ष 2007 में वेर्डे ग्रुप के साथ व्हार्टन के एक अध्ययन में सेल्स स्टाफ के व्यवहार के बारे में चौंकानेवाली जानकारी पेश की गई है। इससे यह बात सामने आती है कि सेल्स स्टाफ के खराब व्यवहार के कारण नए शॉपिंग सेंटर के खुलने के चंद महीनों में ही इसकी चमक और विज्ञापन में लगा पैसा पानी में बह जाता है। यह समस्या सारी दुनिया में ही देखने को मिलती है।

सेल्स-स्टाफ के खराब व्यवहार के अलावा कई बार यह भी देखने में आता है कि उत्पाद के बारे में उनकी जानकारी आधी-अधूरी है। स्टॉक की कमी, ग्राहकों का खयाल करने के बजाय स्टाफ का गप्पबाजी में मशगूल रहना और अन्य दूसरी वजहों के कारण भी ये शॉपिंग सेंटर ग्राहकों के साथ अपने संबंध खराब कर लेते हैं। सीधी सी बात है कि सेल्स स्टाफ के खराब व्यवहार और आधी-अधूरी जानकारी का खामियाजा शॉपिंग सेंटर को आर्थिक नुकसान उठाकर झेलना पड़ता है।

फंडा यह है कि यदि आप अपना कारोबार आगे बढ़ाने के लिए सचमुच में गंभीर हैं तो ग्राहकों के साथ संबंध और उनके प्रति अपनी असली जिम्मेदारी के प्रति न तो खुद लापरवाह हों और न ही ऐसा स्टाफ रखें, जो ग्राहकों को सर्विस देने के बजाय शॉप को पिकनिक स्थल के रूप में इस्तेमाल करने पहुँचे। वरना ग्राहक आपसे दूर होते जाएँगे और आपका कारोबार भी आपसे रूठ जाएगा।

□

तय करें कि आपको कैसे कर्मचारी चाहिए

हर कंपनी का प्रबंधन हमेशा प्रतिभाशाली कर्मचारियों की तलाश में रहता है। अगर आप उनके मन को टटोलने के लिए उनसे पूछें कि आप किस तरह के कर्मचारी पसंद करेंगे, तो जवाब यही मिलेगा कि 'जिनमें नेतृत्व के गुण हों।' उन्हें सीता का पता लगाने की जिम्मेदारी लेनेवाले वानर सेना के नेता सुग्रीव की तलाश होती है, कूटनीतिक दाँवपेंच में प्रवीण अंगद की चाहत होती है, सर्वाधिक अनुभवी और बुद्धिमत्तावाले जामवंत की खोज रहती है और लंका में प्रवेश के लिए अत्यंत जरूरी समुद्र पर सेतु-निर्माण की शक्ति रखनेवाले नल-नील की अभिलाषा होती है। लेकिन नेतृत्व के इस पदानुक्रम में आखिरकार हनुमान की जगह कहाँ है? कहीं नहीं।

हालाँकि हाथ में पर्वत लिये हनुमान अपनी हस्ती आप दिखाते हैं। राम के चरणों में बैठे हुए और हाथ जोड़े संतुष्ट दिखते हैं। हनुमान अगर चाहते तो वे सबकुछ चंद मिनटों में कर सकते थे, जितना करने में राम और उनकी सेना को लंबा समय लग गया। एक कथा है कि हनुमान की माताजी अंजनि ने जब उनसे पूछा कि रावण को मारकर सीता की रक्षा क्यों नहीं की, तो हनुमान का सीधा सा जवाब था—'भगवान् राम ने मुझे ऐसा करने के लिए कहा ही नहीं।' लेकिन आज की दुनिया में हनुमान के लिए जगह कहीं नहीं दिखती।

हरियाणा राजमार्ग पर आज की बाजारी दुनिया में एक छोटी सी चाय की दुकान पर काम करनेवाले मानवीय हनुमान राजू की दास्तान भी कुछ इसी तरह की लगती है। अगर राजू की चले तो वह शायद रास्ते से गुजरनेवालों का रुख अपनी

दुकान की ओर कहीं आसानी से मोड़ दे, मगर हम उससे कुछ कहते हैं तो यह कहते हैं कि फलाँ तरीके से या इस-उस तरीके से दुकान चलाओ या फिर मुँह बंद रखो और ग्राहकों को ठीक से चाय सर्व करो।

फंडा *यह है कि आधुनिक बिजनेस की दुनिया में कंपनियों के महानुभावों को एक आज्ञाकारी और विभिन्न तरह के काम करनेवाले कर्मचारियों की तलाश रहती है, लेकिन किसी को एक बिजनेस चलाने के बारे में उनकी राय या सोच जानने की फुरसत नहीं होती। 'शायद वे कहीं बेहतर और रचनात्मक आइडिया रखते हों, जो कि कंपनी के हित में काफी महत्त्वपूर्ण साबित हो। लेकिन लगता है कि प्रबंधन को ऐसे मानवीय हनुमान की आवश्यकता ही नहीं है।*

□

हर कर्मचारी की अहमियत को समझें

महानतम उत्पादों की रचना के इतिहास के बारे में जब कभी भी पढ़ेंगे तो आप पाएँगे कि इसके नए प्रवर्तकों को अकसर भुला दिया जाता है। उनके बारे में चर्चा तक नहीं होती है। 'न्यूयॉर्क टाइम्स' में प्रबंधन पर स्तंभ-लेखन करनेवाले जैक और सुजी वेल्च कहते हैं—किसी प्रबंधक की सबसे बड़ी गलती यही होती कि वह किसी उत्पाद के रचयिता को भुला दे।

उनके अनुसार कंपनी में किसी की भी उपेक्षा नहीं की जानी चाहिए या उसका मजाक नहीं बनाया जाना चाहिए। वे इस बात की जोरदार वकालत करते हैं कि अगर कंपनी निचले स्तर से शीर्ष प्रबंधन तक नूतनता और बदलाव लाना चाहती है और वह भी सहयोगी भाव से, तो प्रबंधकों को हर स्तर पर तथा हर चरण में कर्मचारियों को प्रोत्साहित करते रहना चाहिए। ऐसा करने से कर्मचारियों का उत्साह हमेशा देखते ही बनता है।

यह स्तंभ लेखक दंपती कहता है—प्रबंधकों को यह सुनिश्चित करना चाहिए कि नव परिवर्तन का विचार और इसकी भावना हर कर्मचारी के दिलो-दिमाग में इस तरह जड़ें जमा ले कि सभी कर्मचारी हर रोज कुछ नए तरह से काम करने का इरादा लेकर आएँ। इतना ही नहीं, वे काम करने की नई शैली और पद्धति ढूँढ़ निकालने और किसी-न-किसी नए उत्पाद की रचना कर पाने में सफल भी होकर लौटें।

दरअसल, यह सोच की मनोवृत्ति ही होती है कि जो लोगों को नए विचार अपने साथी, कर्मचारियों या मैनेजरों से शेयर करने को प्रेरित करती है। कोई भी

कंपनी हर स्टेज पर तभी जीत हासिल करती है, जब हर कर्मचारी की सोच का तरीका अनूठा हो, और इसके लिए संगठन द्वारा उन्हें प्रेरित किया जाता रहा हो। संक्षेप में, हर कर्मचारी कंपनी को आगे ले जाने के बारे में सोचता है।

फंडा *यह है कि किसी कंपनी को आगे ले जाने में उसकी सेवाओं और उत्पादों में नित नएपन की अहम भूमिका होती है। इसमें कंपनी के हर छोटे-बड़े कर्मचारी का सहयोग हो, तो उसका नतीजा कुछ और ही होता है। ऐसी कंपनियों को कारोबारी होड़ में आगे बढ़ने से कोई नहीं रोक सकता।*

□

नौकरी का पहला दिन

अगर आपको अपनी पहली नौकरी हासिल हुई है, तो सबसे पहले मेरी तरफ से बधाई स्वीकार करें। हाँ, अगर आप नौकरी ज्वॉइन करने जा रहे हैं और आपके कामकाजी जीवन के शुरुआत का पहला दिन है, तो इसके लिए थोड़ी सावधानी बरतने की जरूरत है। आप ध्यान रखें कि कामकाजी कॅरियर का यह पहला दिन वैवाहिक जीवन के पहले दिन के समान महत्त्वपूर्ण है और इसकी शुरुआत आपकी यादों में गहराई तक बसनेवाली है।

कामकाज की शुरुआत करने से पहले कंपनी से संबंधित और उसके बारे में जानकारी देनेवाली किताबों का अध्ययन करें। कंपनी की वेबसाइट पर जाएँ। कंपनी के बारे में जितनी हो सके, उतनी जानकारी हासिल करें। इससे कंपनी में नौकरी शुरू करते समय आपको काफी मदद मिलेगी। कंपनी ज्वॉइन करने से कम-से-कम एक सप्ताह पहले कंपनी के एचआर विभाग से संपर्क विवरण देने का अनुरोध करें। इस तरह कंपनी में कामकाज का समय, कैंटीन की व्यवस्था, कंपनी की नीति आदि से खुद को अवगत कराएँ।

सबसे अहम बात यह है कि ज्वॉइन करने के दिन से पहले कम-से-कम दो-तीन बार कंपनी जाएँ। इससे आपको कंपनी तक जाने के रास्तों, ट्रैफिक व्यस्तता, जल्दी पहुँचने के मार्गों और आने-जाने में लगनेवाले समय का अनुभव होगा। आमतौर पर नए कर्मचारी ऑफिस देर से आते पाए जाते हैं, क्योंकि उन्हें पता नहीं होता कि ऑफिस पहुँचने के लिए किस नजदीकी बस स्टॉप या स्टेशन पर उतरें या फिर उन्हें शॉर्ट-कट मार्ग की जानकारी नहीं होती।

आपके ऑफिस का अगर ड्रेसकोड है तो उसका पालन करें और ऑफिस

गॉसिप से बचें। कामकाज को पूरा करने में हमेशा आगे रहें और चुनौतियाँ स्वीकार करने में पीछे न रहें। कई कंपनियों के एचआर विभाग का मानना है कि युवा कर्मचारी अकसर 'मुझे क्या मिलेगा' जैसा सवाल करते हैं। इसके बजाय आप पूछें कि आप कंपनी के लिए क्या कर सकते हैं? अंत में ऑफिस के पहले दिन के अनुभव को अपने माँ-बाप से शेअर करना न भूलें—शायद वे आपसे कहीं अधिक तनावग्रस्त महसूस कर रहे हों!

फंडा *यह है कि कामकाजी कॅरियर की शुरुआत शानदार ढंग से और पूरी तैयारी से करें।*

□

जरूरी नहीं कि पहल करनेवाला ही मार्केट लीडर रहे

कल सुबह मैंने डीएनए में पढ़ा कि पहल करनेवाले ही प्राय: मार्केट लीडर होते हैं। यह लेख कोका कोला और पेप्सी कोला के बीच छिड़े 'कोला वार' पर आधारित था। इसमें प्रख्यात मार्केटिंग गुरु ए.एल. रीज के हवाले से कहा गया था—'इस अवधारणा को कोका कोला का पुराना स्लोगन बेहद प्रभावी ढंग से व्यक्त करता है। वह स्लोगन है 'द रियल थिंग', जिसका मतलब होता है कि इसके अलावा बाकी सब नकल या अनुकरण है।' मार्केट गुरु ने पहली कार रेंटल कंपनी के रूप में हट्र्ज, पहली केचअप कंपनी हैंज और पहली हैमबर्गर शृंखला के तौर पर मैक्डॉनल्ड को उद्धृत किया था। उनका तर्क था कि ये सभी अपने-अपने क्षेत्र में पहल करनेवाली कंपनियाँ थीं और इतने वर्षों के बाद भी अपनी नंबर एक की पोजीशन बरकरार रखने में सफल रहीं। बावजूद इसके कि उनकी विशिष्टतावाले क्षेत्र में समय के साथ-साथ तमाम अन्य कंपनियाँ भी सामने आईं।

इस मामले में मेरा तर्क थोड़ा अलग है। अगर आप पहल करनेवाले हैं तो आपको इसका शुरुआती लाभ मिलता है। तब तक तो मिलता ही है, जब तक कोई दूसरा आपके बाजार में आपके जैसी ही ताकत और धनबल के साथ प्रवेश नहीं करता। एक बार जैसे ही वह दूसरा व्यक्ति पहलेवाले से बेहतर और नए विचार के साथ आगाज करता है, तो पहलेवाले की बाजार पर पकड़ कमजोर पड़ने लगती है। कोका कोला और पेप्सी के संदर्भ में भी यह बात समझी जा सकती है। दोनों ही सिर्फ कोला बाजार की प्रतिस्पर्धा में बगैर किसी इनोवेशन के साथ लगातार संलग्न रहे। फाउंटेन पेन का ही उदाहरण लें। इसका आविष्कार वॉटरमैन ने किया था,

लेकिन इससे सबसे ज्यादा धन किसने कमाया? इस बाजार में प्रवेश करनेवाले दूसरे ब्रांड रिनॉल्ड्स ने। उसने अपने उत्पाद को 'इस्तेमाल करो और फिर फेंक दो' के केंद्रीय विचार समेत अन्य खूबियों के साथ बाजार में पेश किया, जो पहले से उपलब्ध उत्पाद में नहीं थे। इसी तरह भारतीय आकाश में उड़ान भरनेवाली पहली कंपनी एयर इंडिया थी, इसके बावजूद अन्य एयरलाइंस उससे ज्यादा लाभ कमाने में सफल रहीं; क्योंकि उन्होंने अपनी गुणवत्ता में जबरदस्त सुधार किए। भले ही वह गुणवत्ता उत्पाद से जुड़ी हो अथवा सर्विस या किसी अन्य चीज से।

फंडा *यह है कि अगर आप मार्केट से जुड़े हुए हैं और दिन-प्रतिदिन के आधार पर उपभोक्ता की आवाज सुनते हैं, तो 'पहले आनेवाला ही मार्केट लीडर होता है', सरीखे नियम को आप ध्वस्त कर सकते हैं।*

□

कैसे बचाए रखें नौकरी!

मेरे पास इन दिनों 'दैनिक भास्कर' के सैकड़ों पाठकों के मेल आते हैं, जिनमें वे जानना चाहते हैं कि मंदी के इस दौर में अपनी नौकरी कैसे बचाए रखें। प्रत्येक मेल में लिखा होता है कि उनकी कंपनी श्रम शक्ति घटा रही है और उन पर भी गाज गिर सकती है। यद्यपि कोई एक ऐसा सर्वमान्य हल नहीं है, जो सभी पर लागू होता हो। लेकिन कुछ ऐसे महत्त्वपूर्ण सुझाव और सिद्धांत जरूर हैं, जो नौकरी बचाए रखने के लिए अमल में लाए जा सकते हैं। ऐसा नहीं है कि ये सिर्फ मंदी के इस दौर के लिए ही उपयुक्त हैं, इनका पालन तो आप नौकरी ज्वॉइन करने के पहले दिन से ही कर सकते हैं। इसके बाद आपको नौकरी जाने का भय कभी नहीं सताएगा।

अनुकूलनशीलता और लचीलापन लाएँ

चुनौतीपूर्ण माहौल आपको प्रत्येक नई स्थिति के अनुकूल बनाने का काम करता है। अगर आपको कोई नई कार्यगत जिम्मेदारी दी जा रही है, तो आप उससे पल्ला नहीं झाड़ सकते। यह नहीं कह सकते हैं कि यह आपका काम नहीं है या मैं उस विभाग में काम नहीं कर सकता। इसके बजाय यदि कंपनी आपसे कहती है कि आप फलाँ शहर जाएँ, तो जितनी जल्दी हो सके, वहाँ पहुँच जाएँ। अगर ऐसा नहीं हो सकता है तो कोई वाजिब कारण बताएँ, जो आप दोनों को ही मान्य हो।

ग्राहकों का रखें ध्यान

अपने ग्राहक वर्ग को समझें। संभव है कि आप सीधे तौर पर बिक्री के लिए जिम्मेदार न हों, आप तक ग्राहकों की सीधी प्रतिक्रिया भी न आती हो, फिर भी बाजार

में आपके उत्पाद के साथ कैसा व्यवहार हो रहा है, इस पर नजर जरूर बनाए रखें। उसे खरीदने या इस्तेमाल में लाने पर ग्राहक क्या प्रतिक्रिया दे रहे हैं, इसकी जानकारी आपको होनी जरूरी है। वह जानकारी सही लोगों तक पहुँचाना आपका काम है। अगर कोई ग्राहक असंतुष्ट है, तो उसे हरसंभव तरीके से संतुष्ट करें। इसके बाद मैनेजमेंट को बताएँ कि कैसे आपने एक ग्राहक को जोड़े रखने में सफलता प्राप्त की। कठिन समय या प्रतिस्पर्धा से भरे बाजार में ग्राहकों का ध्यान रखना ही एकमात्र विकल्प है।

बहुआयामी बनें

अपने को किसी खास क्षेत्र तक ही सीमित नहीं रखें। मान लीजिए कि आपका काम या उत्पाद बाजार में सिरे से नकार दिया जाता है, तो आप कंपनी के लिए आवश्यकता नहीं, वरन बोझ बनकर रह जाएँगे। अत: कंपनी से जुड़े प्रत्येक काम को सीखिए और उन्हें करने के लिए सदैव तैयार रहें।

आर्थिक पहलू समझें

विभिन्न कंपनियों में ऐसे तमाम विभाग होते हैं, जो कामकाज से जुड़ी आर्थिक मदद जुटाने में कोई दिलचस्पी नहीं लेते। इनसे पूछकर देखिए, इन्हें किसी कंपनी की बैलेंस शीट की आधारभूत जानकारी नहीं होगी। उन्हें नहीं मालूम होगा कि रनिंग कॉस्ट, सेल कॉस्ट, टर्नओवर, प्रॉफिट आदि क्या है। अपनी कंपनी और उसके बाजार के बारे में आर्थिक जानकारियाँ जुटाएँ। क्रिकेट खेलते उस बच्चे की तरह कतई मत बनें, जो फॉलोऑन सिर्फ इसलिए खेलना चाहता है, क्योंकि इससे उसे दोबारा बैटिंग करने को मिलेगी।

संकट से मुकाबला करना सीखें

संकट वह चीज है जो बिना चेतावनी दिए किसी भी कंपनी को जकड़ सकती है। अगर आपको संकट से मुकाबला करने में महारत हासिल है, तो आपकी नौकरी कभी भी नहीं जाएगी।

फंडा *यह है कि कंपनी की कमजोरियों को समझें और उनसे जूझने की क्षमता विकसित करें।*

□

दक्षता के साथ गरिमा भी है जरूरी

किन्हीं कारणों से मैं भारतीय क्रिकेट में अनिल कुंबले के योगदान और प्रदर्शन पर शुरू से बहुत बड़ा खेल-प्रेमी नहीं हूँ। इसके बावजूद मुझे ऐसे दर्जनों अवसर याद हैं, जब मुझे क्रिकेट के मैदान या फिर सार्वजनिक स्थानों पर उनके व्यवहार की तारीफ करने को मजबूर होना पड़ा। इनमें से कुछ तो तुरंत ही जेहन में आ जाते हैं। मसलन, पाकिस्तान के खिलाफ कोटला के मैदान पर सन् 1998 में उनके द्वारा 10 विकेट झटकने के बाद भी शांत बने रहना, वर्ष 2002 में टूटे जबड़ों और उस पर चढ़ी पट्टियों के बावजूद वेस्ट इंडीज के खिलाफ गेंदबाजी करने उतरना या जिस तरह उन्होंने पिछले सत्र में ऑस्ट्रेलिया के खिलाफ श्रृंखला में मंकीगेल विवाद को शांति और चालाकी से निपटाया। अपने 18 वर्ष के क्रिकेट कॅरियर में उन्होंने शुरुआत शतरंज के एक प्यादे की तरह की, फिर वे मैच जिताऊ खिलाड़ी के तौर पर उभरे और बाद में वे कुशल रणनीतिकार कहलाए।

उक्त में से किसी भी घटना का उदाहरण लें, उन्होंने सार्वजनिक स्थानों पर अपनी गरिमा बरकरार रखी। बात 2003-04 की है, जब भारत पाँच वर्ष के अंतराल के बाद पाकिस्तान-सीरीज खेलने गया था। उस वक्त मैं भी दैनिक भास्कर के लिए पाँच एकदिवसीय और तीन टेस्ट मैचों की श्रृंखला को कवर करने 41 दिनों के लिए पाकिस्तान गया था। विदेशी धरती पर खेली जानेवाली ऐसी किसी भी लंबी श्रृंखला में यह मानवीय स्वभाव है कि वह 'अपने' लोगों को ढूँढ़ता है। ऐसा ही तब भी हुआ, जब लगभग सारे भारतीय क्रिकेटर और मैं दोस्त बन गए थे। उस दौरान एक अनौपचारिक बातचीत में एक क्रिकेटर ने मुझसे कहा, 'मैं अपनी बहन के लिए लड़का ढूँढ़ रहा हूँ। मेरी इच्छा है कि मुझे अनिल कुंबले जैसा लड़का मिल जाए।'

अगर मैं उस क्रिकेटर का नाम सार्वजनिक करता हूँ, तो फिजूल में एक विवाद खड़ा हो जाएगा। लेकिन मेरा आशय सिर्फ यही बताना है कि कुंबले ने अपने साथी खिलाड़ियों के बीच किस तरह का मान-सम्मान और गरिमा अर्जित की है।

फंडा *यह है कि इस किस्से से सबक यही लिया जा सकता है कि अपने-अपने कार्यक्षेत्र में गरिमा को सर्वोच्च प्राथमिकता दें। और फंडा यह है कि काम में दक्षता के साथ-साथ गरिमा भी समान रूप से महत्त्वपूर्ण है।*

□

एक अक्षम बॉस के नुकसान

स्वीडन के शोधकर्ताओं ने चेतावनी दी है कि निष्ठुर, दूसरों का लिहाज न करनेवाले और अक्षम बॉस के होने से न सिर्फ ऑफिस का कामकाज प्रभावित होता है, बल्कि कर्मचारियों को हृदय संबंधी बीमारियाँ भी बढ़ जाती हैं। शोधकर्ताओं के अनुसार सबसे बड़ी समस्या बॉस द्वारा प्रत्येक कर्मचारी का निम्नतम आकलन करने से उपजती है। ऐसा होने पर कर्मचारी अकेले या सड़कों पर धूम्रपान जैसी अस्वास्थ्यकर आदतों से घिरने लगता है। यह खतरा तब और भी बढ़ जाता है अगर कर्मचारी खराब बॉस के नेतृत्ववाले ऑफिस में ज्यादा समय तक रहे। यह नवीनतम शोध स्वीडन की स्टॉकहोम यूनिवर्सिटी के केरोलिंस्का इंस्टीट्यूट द्वारा प्रकाशित ऑक्युपेशनल ऐंड एन्वायरमेंटल मेडीसिन में छपा है।

अगर आप अपने चारों तरफ निगाह डालें, तो कभी-कभार आपके ही अच्छे दोस्त अचानक नौकरी छोड़ देते हैं, क्योंकि उन्हें लगता है कि 'अब बस बहुत हो चुका।' हमारे मित्र अकसर खराब बॉस के बारे में विस्तृत बातचीत करने से मना कर देते हैं। कारण, उन्हें लगता है कि इससे उनकी ही छवि प्रभावित होगी और माना जाएगा कि वह अपने सीनियर्स के साथ तालमेल नहीं बैठा सकते। लेकिन अगर आप गहराई में जाएँ, तो पता चलेगा कि उन कर्मचारियों के साथ कोई समस्या नहीं थी। अगर कोई समस्या थी तो वह बॉस के साथ थी, जिसे वह रिपोर्ट कर रहे थे।

हार्वर्ड यूनिवर्सिटी के खाते में ऐसे कई लेख प्रकाशित करने की उपलब्धियाँ दर्ज हैं, जो बताते हैं कि खराब बॉस के कारण ही निचले स्तर के कर्मचारी नौकरी छोड़कर जाते हैं। सच तो यह है कि अगर किसी एक ही डिपार्टमेंट से बड़ी संख्या में कर्मचारी छोड़कर जा रहे हैं, तो मानव संसाधन विभाग को सिर्फ उन कर्मचारियों

का ही एक्जिट इंटरव्यू नहीं लेना चाहिए, बल्कि इसके साथ ही उन्हें संबंधित विभाग के बॉस का भी इंटरव्यू लेना चाहिए कि उनका रवैया अपने अधीनस्थों और सहयोगियों के प्रति कैसा था?

फंडा *यह है कि आप एकबारगी अक्षम कर्मचारी से काम चला सकते हैं, लेकिन अक्षम और अकड़ू बॉस से नहीं।*

□

शीर्ष पर पहुँचकर भी अपनी जड़ों को न भूलें

फिल्म उद्योग को मायानगरी या ड्रीम फैक्टरी यूँ ही नहीं कहा जाता है। एक तरफ इसका आशय रुपहले परदे पर आकार लेनेवाली कल्पनाओं और परीलोक कथाओं से है, तो इस परदे की ही तरह फिल्म-निर्माण से जुड़े लोगों की जिंदगी में आनेवाले उतार-चढ़ाव से भी है। पिछले लगभग बारह वर्षों से सुधी उर्फ सुधीर बंगलूरु की सार्वजनिक और निजी दीवारों पर फिल्म के विज्ञापन पेंट किया करता था। उसे जरा भी अहसास नहीं था कि एक दिन वह भी इन विज्ञापनों का हिस्सा बनेगा। आज वह कन्नड़ फिल्म 'नीनोलिदा छन्नदिंदा' का नायक है और यह फिल्म दिसंबर के आखिरी सप्ताह में प्रदर्शित होने जा रही है।

अपनी कॉलेज फीस न भर पाने के कारण उसे पढ़ाई छोड़ बैनर और स्टीकर बनानेवाली दुकान में सहायक की नौकरी करनी पड़ी। दीवारों पर फिल्मों के विज्ञापन पेंट करने का चलन वर्षों पहले शुरू हुआ, और यह सुधी ही था जिसने कन्नड़ की सफल फिल्मों के विज्ञापनों को दीवारों पर पेंट किया। सच तो यह है कि उसे निजी घरों की दीवारों को रात में चोरी-छिपे पेंट करने पर उनके मालिकों द्वारा कई बार पकड़ा भी गया। वहाँ से उसने एक सीढ़ी के नीचे बैनर-पोस्टर बनानेवाली अपनी खुद की छोटी सी दुकान खोलने तक का सफर तय किया। इसी काम के लिए उसे एक फिल्म का कांट्रेक्ट मिला, जहाँ वह फिल्म के नायक, जो उसका पसंदीदा हीरो भी था, के साथ एक फोटो खिंचवाने का लोभ-सँवरण नहीं कर सका। इसी बीच फिल्म का निर्माता अपनी अगली फिल्म के लिए एक नए चेहरे की तलाश में था। उसने सुधी की फोटो अपने पुराने नायक के साथ देखी तो

उसे ऑडिशन के लिए बुला भेजा। अब सुधी के पास तीन फिल्में हैं, दो तमिल और एक कन्नड़ भाषा में। हालाँकि इस पूरी प्रक्रिया में सुधी ने जो किया, वह किसी अन्य सफल व्यक्ति ने अब तक नहीं किया होगा। उसने अपनी सारी कमाई बैनर बनानेवाली अपनी कंपनी में लगा दी और अपने छह गहरे दोस्तों को उसमें काम करने को कहा। वह स्वयं इसका मैनेजिंग डायरेक्टर हो गया।

फंडा *यह है कि शीर्ष पर पहुँचने के बाद भी अपनी जड़ों को न भूलो। यह खास अवसर, मसलन आजकल की मंदी के दौर में, मददगार साबित होता है।*

□

लीडर बनने के लिए दशानन बनो!

पढ़कर कुछ अटपटा लगता है, लेकिन यह सच्चाई है। अगर आप बहुत अच्छे लीडर बनना चाहते हैं तो आपको दशानन बनना ही पड़ेगा। दशानन एक ऐसा काम आसानी से करने में सक्षम था, जो इस पृथ्वी पर कोई दूसरा व्यक्ति नहीं कर सकता था। वह काम था ग्रुप डिस्कशन।

यह एक बेहूदा मजाक लगता है, लेकिन विभिन्न दिग्गज कॉरपोरेशंस के मैनेजमेंट प्रोफेशनल्स ने इससे प्रेरित होकर अपनी कंपनी में दशानन तैयार कर लिये हैं। इसे वे 'स्ट्रेटजिक मैनेजमेंट बिजनेस ग्रुप' (एसपीएमजी) कहते हैं। इस ग्रुप में दस लोग होते हैं, जो कंपनी के विभिन्न विभागों की कार्यप्रणाली पर गहरी पकड़ रखते हैं। इनका काम होता है—कंपनी के विकास के लिहाज से आगे का सोचना। यानी कंपनी को वर्ष 2015 में या वर्ष 2020 में या 2025 में क्या करना चाहिए, यह सोचने का काम इनका होता है। उदाहरण के लिए टोएटा एक कार वर्ष 2022 में बाजार में पेश करने की पुरजोर कोशिशों में है। इस कार में ने तो स्टीयरिंग होगा, न ही ड्राइवर की आवश्यकता होगी। इसकी खूबी यह है कि यह कार जीपीआरएस सिस्टम और आवाज की पहचान पर चलेगी। यह अपने मालिक के हुक्म पर मनचाहे गंतव्य पर पहुँचाएगी, वह भी स्थानीय यातायात नियमों का पूरी तरह से पालन करते हुए। इस कार का विभिन्न स्तर पर निर्माण और परीक्षण चल रहा है। इसी तरह नोकिया भी वर्ष 2025 में एक नया मॉडल पेश करेगा। इसके बारे में विस्तृत जानकारी अभी उपलब्ध नहीं है।

फंडा *यह है कि अगर आप वास्तव में दूसरों से आगे निकलना चाहते हैं और अपने कार्यक्षेत्र में महान् लीडर बनना चाहते हैं, तो आपको दशानन बनना होगा। दशानन के दस अलग-अलग सिर थे, जो दस वर्ष आगे की सोच सकते थे।*

□

मातहत की निगाह में बॉस का आकलन

इस उलटबाँसी का सिद्धांत बहुत साधारण है। सुपरवाइजर्स, सबऑर्डिनेट्स, को-वर्क्स, यहाँ तक कि कस्टमर्स को अपने प्रदर्शन का आकलन करने में। इससे बॉस समझ सकेंगे कि वह कितने प्रभावी ढंग से कार्य कर रहे हैं और किन क्षेत्रों में उन्हें सुधार की आवश्यकता है। 'असेसिंग द बॉस विद आर्टफुल अंडरस्टेटमेंट' नामक लेख में एल्थिया डिब्रुल ehow.com पर लिखती हैं—'अगर ऐसा करने को कहा जाए तो अपने बॉस की आलोचना करना बेहद कठिन और तनाव भरा काम होता है।' वह आगे लिखती हैं—'हालाँकि अगर आप अपने कॅरियर को सफल बनाना चाहते हैं तो यह बहुत जरूरी भी है। अगर इस काम को सही तरीके से अंजाम दिया जाए, तो दोनों (बॉस और मातहत) व्यावसायिक स्तर पर अपना सार्थक विकास कर सकते हैं।' अब प्रश्न उठता है कि आप कैसे अपने बॉस को बताएँगे कि वह किस तरह और भी अच्छा काम कर सकते हैं?

सर्वप्रथम, इसका अंजाम सोच लें। 'अगर आप समझते हैं कि इसमें बहुत खतरा है, तो दूसरे विकल्पों पर विचार करें।' दूसरा, 'संवेदनशील बनें। यह अच्छे से सोच-विचार लें कि आपकी आलोचना पर बॉस की प्रतिक्रिया क्या होगी!' तीसरा, 'आलोचना करने के लिए उपयुक्त समय की तलाश करें। बॉस से ऐसे समय अपना एप्वांटमेंट तय करें जब वह दबाव मुक्त रहते हों और खुलकर बात करते हों।'

अंततः सकारात्मक ढंग से बातचीत की शुरुआत करें। आप बॉस को बताएँ

कि आपके कहने का मकसद उनकी बेहतर प्रबंधन कुशलता में और सुधार लाने का प्रयास भर है। फिर संक्षिप्त और नपे-तुले शब्दों में उन्हें बताएँ कि किस तरह उनकी बातें या क्रियाकलाप आपके लिए समस्या बन जाते हैं। उन्हें समझाएँ कि किस तरह बॉस की बातें आपकी क्षमता को प्रभावित करती हैं। और जब कभी भी संभव हो, उन्हें यह बताना नहीं भूलें कि उनकी कार्य-प्रणाली में आए बदलाव से स्थितियाँ किस तरह सुधर गई हैं।

फंडा *यह है कि अगर आप अपने कॅरियर में गति चाहते हैं तो अपने बॉस का आकलन करने के लिए तैयार रहें। भले ही यह उलटबाँसी ही सही, लेकिन इससे दोनों को ही मदद मिलती है।*

□

अच्छी मैनपावर काम की मारी न हो

ऑस्ट्रेलिया के विरुद्ध खेली गई सीरीज में 'मैन ऑफ द सीरीज' रहे ईशांत शर्मा ने 15 विकेट और शानदार कार अपने नाम की। लेकिन आज से राजकोट में इंग्लैंड के विरुद्ध शुरू हो रही वन डे इंटरनेशनल सीरीज के पहले मैच में वह शामिल नहीं हैं। उन्हें पाँच दिन के आराम की सलाह दी गई है, जिसकी वजह उनकी एड़ी में लगी चोट है। लेकिन इससे भी ज्यादा हैरान करनेवाली खबर यह है कि नागपुर टेस्ट में 'ओवरलोडेड' होने की वजह से उनकी एड़ी की हालत बद से बदतर हो गई। कुछ क्रिकेट विशेषज्ञों का मानना है कि वह 'ओवरलोडेड' थे। उनका मानना है कि हम वैसे भी ऑस्ट्रेलिया के खिलाफ सीरीज जीत ही जाते।

इस कॉलम में यह बात इसलिए विचारणीय है कि इंग्लैंड के खिलाफ एक दिवसीय मैचों में ईशांत की जगह कौन खेलेगा और भारत का क्या होगा? लेकिन अत्यधिक खेल या ओवरलोड से हम एक सबक ले सकते हैं, और वह यह कि अगर आपकी संस्था में अच्छा परफॉर्म करनेवाली मैनपावर मौजूद है तो उसे काम से ओवरलोड न करें। काम के उनके प्रेशर को भी थोड़ी स्पेस की जरूरत है। उन्हें आराम भी चाहिए, कुछ ऐसे ही, जिस तरह आप अपनी नई कार को देते हैं।

मैंनेजमेंट की भाषा में सबसे अच्छी मैनपावर को जीने-मरने का सवाल आने पर ही ओवरलोड करना चाहिए या इससे मिलती-जुलती कोई स्थिति बनने पर। ऐसे व्यक्ति को खास वक्त और मौकों के लिए रखिए, न कि रोजाना के काम में उपयोग करके।

> **फंडा** *यह है कि अच्छी मैनपावर का समझदारी से इस्तेमाल करके आप सफलता पा सकते हैं।*

अच्छा ऑफिस कर्मचारियों को आकर्षित करता है

जब फिलिप्स इनोवेशन कैंपस ने नए कैंपस में जाने का निर्णय किया तो पुराने कैंपस में ही नए कैंपस की प्रतिकृति तैयार की गई। इसके बाद कर्मचारियों को आमंत्रित कर उनकी राय माँगी गई। बाद में विभिन्न कर्मचारियों से एकत्र की गई राय में से जो व्यावहारिक थी, उनके अनुरूप नए कैंपस में तब्दीली कराई गई। कर्मचारी जैसा डिजाइन और लेआउट चाहते थे, वह बदलाव लाए गए। प्राप्त फीडबैक में कर्मचारियों ने 'इनोवेशन रूम' की दरकार भी जताई थी, जिसका डिजाइन और लेआउट उनके हिसाब से था। इसके तहत उन्होंने कमरे में एक भी कुरसी-मेज न होने और इसके बजाय कुछ बीन बैग्स की आवश्यकता जताई थी, ताकि इन पर बैठकर कर्मचारी अपने काम में सुधार लाने, व्यापार में विस्तार लाने और कार्यक्षेत्र को और उत्पादकता से भरपूर बनाने की जुगत सोच सकें।

सच तो यह है कि बंगलुरु में साइट्रिक्स इंडिया का ऑफिस पूरी तरह से कर्मचारियों ने ही डिजाइन किया है। यानी उसके डिजाइन में उनकी राय को तरजीह दी गई है। कर्मचारी आर्किटेक्ट के साथ दो दिन रहे और उन्हें अपनी राय से अवगत कराते रहे। आर्किटेक्ट ने भी उनके नजरिए से इमारत को देखा, कर्मचारियों के काम को समझा और फिर उसी लिहाज से ऑफिस डिजाइन किया। चूँकि ऑफिसों में अधिकांश समय कुरसी पर गुजरता है, तो अधिकांश कर्मचारी श्रम दक्षता बढ़ानेवाली कुरसियाँ चाहते थे। मैनेजमेंट ने इस पर उन्हें 50-60 तरह की कुरसियाँ ला दीं, जिन पर एक-एक दिन बैठकर उन्हें उपयुक्त के बारे में अपनी राय बनानी थी। बाद में कर्मचारियों की राय के अनुरूप ही उन्हें सुविधा देनेवाली कुरसियाँ लाई

गईं। इसी तरह कॉन्फ्रेंसिंग के लिए टू पर्सन प्राइवेट टेलीफोन बूथ बनाए गए। कॉरपोरेट दिग्गजों का मानना है कि कंपनी में अच्छी प्रतिभा को लाने या उन्हें रोके रखने के लिए कॉरपोरेट का माहौल और ऑफिस का डिजाइन आँखों को आकर्षित करनेवाला होना चाहिए।

फंडा *यह है कि साफ-सुथरी और सौम्य जगह तथा अच्छे रंग कर्मचारियों को भी आकर्षित करते हैं।*

□

मानव-पूँजी को सहेज कर रखें

नागरिक उड्डयन क्षेत्र में कुछ दिन पहले मची हाय-तौबा से सभी वाकिफ होंगे। पहले कुछ सौ कर्मचारियों को निकाल दिया गया। इस पर तथाकथित राजनीतिक हस्तक्षेप के बाद फिर उन्हें नौकरी पर रख लिया गया। उड्डयन सरीखे क्षेत्रों में गिरावट आती-जाती रहती है और इसका प्रभाव 10 से 14 महीनों से अधिक नहीं देखा जाता। ऐसे में बजाय श्रमशक्ति को किसी और काम में लगाने के संबंधित कंपनियों ने उन्हें उनके रोजगार से वंचित करने का निर्णय कर लिया, जिसने भ्रामक राजनीतिक माहौल बनाने का ही काम किया। अगर बाकी उद्योग कुछ समय बाद पटरी पर लौट आएँगे, तब एविएशन कंपनियाँ विस्तार के तहत निकाले गए कर्मचारियों को वापस कैसे लाएँगी?

इंडस्ट्री एक्सपर्ट इस समय के लिहाज से व्यावहारिक रणनीति अपनाने का सुझाव देते हैं। मानव पूँजी सरीखे मसले से जुड़े इन कार्यक्रमों को वे रिइंजीनियरिंग रिवार्ड या रिटेंशन प्रोग्राम करार देते हैं। विशेषज्ञों का कहना है कि मंदी के दौर में अध्ययन प्रोत्साहन अवकाश और कॅरियर ब्रेक ऑप्शंस का लचीला रवैया अपनाना चाहिए। साथ ही कर्मचारियों से अपने संबंध भी बनाए रखने चाहिए। ऐसे हजारों कर्मचारी हैं, जो आगे की पढ़ाई कर रहे हैं, अपने शौक पूरे कर रहे हैं, अपने लिए लंबे समय तक चलनेवाले आयुर्वेद उपचार का सहारा ले रहे हैं, किसी तरह का क्रेश कोर्स कर रहे हैं, परिवार के साथ घूमने-फिरने निकल रहे हैं और काउंसलिंग के लिए अपने बच्चों को फॉरेन यूनिवर्सिटी लेकर जा रहे हैं। ये सब हो रहा है बगैर किसी तरह के रिम्यूनरेशन पैकेज के वादे के। सच तो यह है कि एक बड़ी अंतरराष्ट्रीय एयरलाइन कंपनी ने अपने कर्मचारियों को एक निश्चित अवधि के लिए

समाज, सेवा करने का अवसर उपलब्ध कराया है। इस दौरान उन्हें कोई वेतन-भत्ता नहीं दिया जाएगा।

भारत के पक्ष में जो एक सबसे बड़ी बात जाती है, वह यह है कि यहाँ के लोग बदलाव में ढल जाते हैं और किसी भी समय-सीमा के भीतर कुछ भी नया सीखने में सक्षम हैं। दीर्घकालिक नजरिए से देखें तो मानव पूँजी से हमेशा के लिए हाथ धो बैठना कोई समझदारी की बात नहीं है।

> **फंडा** *यह है कि मानव पूँजी को संरक्षित रखें। उन्हें अलग काम में लगाएँ और उन्हें वह उत्पादन करने दें, जो कीमती हो। मशीनरी के बजाय उद्यमियों के लिए मानव पूँजी बेहद लचीला प्रोडक्ट है।*

□

सिर्फ मानव संसाधन विभाग नहीं एचआर

इस सप्ताह कई किताबें बाजार में आई हैं। इन्हीं में एक है रिचर्ड ब्रैंसन की 'बिजनेस स्ट्रिप्ड बेयर।' रिचर्ड वर्जिन एयरलाइंस और मोबाइल कंपनी के अलावा अलग-अलग व्यवसाय से जुड़ी कई अन्य कंपनियों के स्वामी हैं। मेरे हिसाब से यह किताब मेरे द्वारा बीते समय में पढ़ी गई बेहतरीन पुस्तकों में से एक है। 342 पृष्ठवाली इस किताब का मूल्य 515 रुपए है और मैंने इसे एक ही रात में पूरा पढ़ा। वजह सिर्फ यही थी कि किताब इतनी रोचक है कि एक बार शुरू हो जाओ तो किताब के खत्म होने के बाद ही रुकने का मन करता है। किताब की थीम लोगों और वे किसी भी व्यवसाय के लिए कितने महत्त्वपूर्ण होते हैं, इसके इर्द-गिर्द घूमती है। मेरा यह फंडा पुस्तक समीक्षा जैसा लग सकता है, लेकिन जहाँ तक बात आमजन तक अच्छी बातें पहुँचाने की है, तो मुझे इससे भी कोई गुरेज नहीं है। इस किताब के दो पैरा मैं नीचे उद्धृत कर रहा हूँ, जो इस किताब में वास्तव में एचआर डिपार्टमेंट के लिए ही लिखे गए हैं—

> 'अगर आप एचआर विभाग के इंचार्ज हैं, (हालाँकि मैं इस शब्द से सख्त चिढ़ता हूँ, क्योंकि मैं इसे पीपुल्स डिपार्टमेंट कहना ज्यादा पसंद करता हूँ।) तो इसका काम अच्छे लोगों की निरंतर खोज करना होता है। ऐसे लोगों की खोज जो अपने स्वभाव और जीवन के प्रति अलग नजरिए के कारण दूसरों के साथ काम करने में आनंद महसूस करते हों। वे शिष्ट होने के साथ हमेशा चौकस रहते हों। उन्हें मुसकराने में मजा आता हो और अकसर उनका साथ जिंदादिली और खुशमिजाजी का अहसास देता हो।

यद्यपि मैं शैक्षिक योग्यता की महत्ता को नजरअंदाज नहीं कर रहा हूँ, लेकिन मैं मानकर चलता हूँ कि इनसे संबंधित व्यक्ति के बारे में मुझे काफी कुछ पता चल जाता है। मैं हमेशा प्रतिभा की तलाश में रहता हूँ। उचित रवैयेवाले ऊर्जावान और उत्साही लोगों को ढूँढ़ना आसान नहीं होता। मैं ऐसे लोगों की तलाश में रहता हूँ, जो काम के साथ-साथ अपना विकास कर सकें। यही नहीं, जब हम उन्हें और जिम्मेदारी दें, तो वे रोमांच के साथ उसे न सिर्फ निभाएँ, बल्कि उसी के अनुरूप सक्रियता भी दिखाएँ। आखिरकार काम करते-करते सीखा जाता है।'

अपनी किताब में ब्रैंसन आगे कहते हैं—

'हाल ही मैं मैंने दो युवकों को देखा, जो दो अलग-अलग प्रतिद्वंद्वी होटलों में वॉटर स्पोट्र्स की एक्टीविटी सँभालते हैं। उन्हें हर एक व्यक्ति पसंद करता है। हमें वॉटर स्पोट्र्स से जुड़े लोग नहीं चाहिए होते, बल्कि हमें अच्छे मैनेजर चाहिए होते हैं और मैंने इन दोनों व्यक्तियों से कैरेबियन आइलैंड में अपना घर सँभालने के लिए कहा। व्यापार में अत्यधिक दबाव और तनाव के बावजूद शांति और धैर्य बनाए रखनेवाले लोगों का मिलना किसी नियामत से कम नहीं होता। आजकल के उपभोक्ता बेहद डिमांडिंग हैं, खासकर जब चीजें उनकी इच्छा के अनुरूप आकार नहीं लेतीं, तो वे कुछ अधिक ही डिमांडिंग हो जाते हैं।'

फंडा *यह है कि अगर आप एचआर विभाग सँभाल रहे हैं, तो मानकर चलिए कि आप पीपुल्स डिपार्टमेंट चला रहे हैं। आप ऐसे लोगों की खोज में हैं, जो कंपनी में और समृद्धि ला सकें।*

□

केवल वेतन नहीं परिवार की भी बात करें

विदेशी और अब तो कई घरेलू कंपनियाँ भी परिवार की बातें पहले करने लगी हैं। इन बातों में उनके सामूहिक लक्ष्य और कितनी अवधि में उसे हासिल करना चाहते हैं, सरीखे मुद्दे शामिल होते हैं। एक बार जब एचआर विभाग उनके लक्ष्य को समझ लेता है, तब उम्मीदवार से वेतन पर चर्चा की जाती है। उसे समझाया जाता है कि किस तरह वह अपने उद्‍देश्य को विभिन्न चरणों में तेजी के साथ प्राप्त कर सकता है। सच तो यह है कि एचआर विभाग दुर्घटना और बीमारी की अवस्था में परिवार को दी जानेवाली सुविधाओं को इस तरह बताता है कि कर्मचारी उससे बेफिक्र हो सिर्फ अपने काम पर ध्यान केंद्रित करे, यानी उसे परिवार की समस्याओं को लेकर सिर खपाने की जरूरत ही नहीं पड़े।

वैश्विक स्तर पर यह नया चलन प्रमुख कंपनियों को खास रास आ रहा है। वरिष्ठ लोग जिन पर लक्ष्य और लाभ अर्जित करने की जिम्मेदारी होती है, उन्हें इस किस्म की सुविधाएँ दी जा रही हैं।

अब इस सुविधा का विस्तार मिडिल लेवल मैनेजमेंट तक भी कर दिया गया है। कारण, उन्हें भी अब भविष्य के लीडर्स के तौर पर देखा जाने लगा है। कुछ कंपनियाँ तो और भी आगे बढ़ गई हैं और पारिवारिक लक्ष्य को हासिल करने के लिए उनके जीवनसाथी को भी नौकरी देने लगी हैं। (खासकर यदि लक्ष्य ऊँचा है।) इस ओर कंपनी उनका सौ फीसदी ध्यान कंपनी की समस्याओं और उसके समाधान की तरफ आकृष्ट कराने में सफल रहती हैं।

फंडा *यह है कि यदि आप वरिष्ठ कर्मचारियों का पूरा ध्यान कंपनी की ओर चाहते हैं, तो पहले उनके परिवार पर ध्यान दें, न कि उन्हें दिए जानेवाले वेतन पर।*

□

हर समस्या का हल संभव है

एक सीनियर एक्जीक्यूटिव की एक सेक्रेटरी थी, जो अपने काम में बेहद दक्ष थी। वह अपनी जिम्मेदारियों से जुड़ी हर एक बात का खास खयाल रखती और काम के सिलसिले में उसके मैनेजर को उससे कोई शिकायत भी नहीं थी। समय के साथ उसकी शादी हुई और फिर बच्चा हुआ। वह ऑफिस के समय बच्चे को क्रेश में छोड़कर आती थी। उसके ऑफिस का समय था सुबह 11 बजे से शाम 6.30 बजे तक।

सबकुछ यूँ ही चलता रहा, जब तक कि उसका बच्चा तीन वर्ष का नहीं हो गया। वह अभी भी बच्चे को क्रेश से लेने शाम को साढ़े छह बजे के बाद ही पहुँच पाती थी। अब बच्चा इस टाइमिंग पर आपत्ति दर्ज कराने लगा था, क्योंकि वहाँ आनेवाले सभी बच्चे शाम को साढ़े पाँच बजे ही चले जाते थे। उस सेक्रेटरी का बच्चा यह समझने को तैयार नहीं था कि वह अन्य बच्चों की तरह सुबह साढ़े नौ से बजाय एक घंटे बाद भी आता है। वह सिर्फ यही चाहता था कि उसकी माँ उसे लेने शाम पाँच बजे ही आए।

बच्चे को समझते न देख वह सेक्रेटरी अपने बॉस के पास गई और उनसे शाम को एक घंटे जल्दी जाने की इजाजत चाही। इसके बदले वह सुबह घंटा पहले ऑफिस आने को तैयार थी, लेकिन बॉस ने साफ शब्दों में इनकार कर दिया। अब उसके पास सिवाय जॉब छोड़ने के कोई और चारा नहीं बचा था। अंतत: उसने इस्तीफा दे दिया, जो अगली कारखाई के लिए एचआर विभाग के पास गया। अब उसके इस्तीफे की खबर धीरे-धीरे फैलने लगी।

इस खबर के आम होने के बाद कॉरपोरेट घराने के एक और वरिष्ठ अधिकारी ने उसे लेने की इच्छा जाहिर की, और वह उस सेक्रेटरी को शाम को एक घंटा पहले

छोड़ने के लिए तैयार भी थे। एचआर विभाग ने इसके बाद पहले सीनियर एक्जीक्यूटिव से लड़की के आंतरिक तबादले के लिए अनुमति देने को कहा, जिसे उन्होंने सहर्ष स्वीकार कर लिया। इन तरह तीनों का ही अपने-अपने तरह से काम बन गया।

पहला बॉस टाइमिंग से कंप्रोमाइज करने को तैयार नहीं था, उसे अब एक ऐसी सेक्रेटरी मिल गई, जिसे घर जाने की जल्दी नहीं होती थी। दूसरे बॉस को एक अच्छी सेक्रेटरी मिल गई और उस लड़की को नौकरी नहीं छोड़नी पड़ी तथा उसकी वरिष्ठता व ग्रैच्युटी से जुड़े लाभ वहीं बरकरार रहे। इस छोटी सी कॉरपोरेट स्टोरी से ये फंडे निकलकर आते हैं।

ये फंडे हैं

1. परिवार सबसे पहले आता है (सेक्रेटरी के लिए)। 2. किसी से समझौता नहीं करिए, खासकर अगर वह कंपनी के हितों के आड़े आता है। (पहले बॉस ने सेक्रेटरी को जल्दी घर जाने की अनुमति नहीं दी, क्योंकि वह संस्था के नियमों के खिलाफ था।) 3. अहं को इतना बड़ा कभी मत करो कि किसी से मदद का सहयोग न माँग सको। (दूसरे बॉस ने पहले बॉस से उनकी सेक्रेटरी को लेने की इच्छा जताई। दोनों ही ने इसमें अहं को आड़े नहीं आने दिया।) 4. बेहतर प्रदर्शन की माँग हमेशा सभी को रहती है (सेक्रेटरी की अच्छी कार्यक्षमता)। 5. अच्छे कर्मचारी को किसी भी कीमत पर रोककर रखना चाहिए (एचआर विभाग ने इस पूरे मामले में महत्त्वपूर्ण भूमिका निभाई)।

□

अति प्रतिस्पर्धी सहयोगी बढ़ाते हैं मुश्किलें

आजकल के दौर में आप प्रतिस्पर्धा से बच नहीं सकते हैं। कॉरपोरेट सेटअप में कर्मचारियों की कार्यशैली पर कराए गए तमाम सर्वेक्षणों में यह तथ्य सामने आया है कि दस वर्ष पूर्व की तुलना में आज कर्मचारियों में प्रतिस्पर्धा अधिक है। पिछले तीन माह में तो यह प्रतिस्पर्धा स्पष्ट तौर पर कई गुना अधिक बढ़ गई है। इसकी एक प्रमुख वजह नौकरी के मोरचे पर बढ़ी असुरक्षा है। प्रत्येक कर्मचारी अपने बॉस की नजरों में स्वयं को कर्मठ और अपरिहार्य जताना चाहता है। वह जताना चाहता है कि उसके बगैर कंपनी में काम हो ही नहीं सकता। सच तो यह है कि वह इस तरह जाहिर कर अप्रत्यक्ष तौर पर अपनी नौकरी ही बचा रहा होता है।

विशेषज्ञ कहते हैं कि अपने समकक्ष से स्वयं को बेहतर और कर्तव्यनिष्ठ साबित करने के लए अधिकांश मैनेजर्स अपनी कार्यगत जिम्मेदारी जल्द पूरी करना चाहते हैं और इस फेर में अधिक गलतियाँ कर बैठते हैं। इन्हें रेट रेसर्स करार दिया जाता है, जो प्रथम श्रेणी में आते हैं। इस श्रेणी में आनेवाले बस अपने समकक्ष से जल्दी काम पूरा करने की होड़ में रहते हैं।

दूसरी श्रेणी में वे लोग आते हैं, जो अपनी ओर ध्यान आकर्षित कराना चाहते हैं। ऐसे लोग प्रोजेक्ट में अपनी वाहवाही के लिए कुछ भी कर सकते हैं। इन्हें इसके लिए दूसरों का श्रेय चुराने से भी गुरेज नहीं होता। यह दावा करते हैं कि पूरा प्रोजेक्ट उन्होंने ही पूरा किया है। इन लोगों से बचने का तरीका यही है कि बजाय उन्हें देखने के अपने प्रदर्शन पर ही ध्यान केंद्रित किया जाए। अगर सहयोगी छोटी सी बात का श्रेय भी स्वयं लेना चाहे तो उसे ऐसा करने दें। इस

तरह की प्रतिस्पर्धा को स्वयं पर हावी न होने दें, यानी अपनी कार्यक्षमता पर प्रभाव न पड़ने दें। हालाँकि अगर यह आपके विकास को प्रभावित कर रही है, तो मोर्चा लेने से न कतराएँ। फिर भले ही वह छोटे-से-छोटा काम ही क्यों न हो, उसका श्रेय किसी को भी न लेने दें।

फंडा *यह है कि अगर आपका सहयोगी हर काम का श्रेय स्वयं लेना चाहे तो उसे ऐसा न करने दें। आप सामने आकर बताएँ कि उस काम में आपकी क्या भूमिका रही।*

□

कंपनी में ही हीरा छिपा होता है

ऐसे लोगों की संख्या हजारों में है, जिन्होंने अपना कॅरियर जूनियर एक्जीक्यूटिव या पेट्रोल पंप पर असिस्टेंट के तौर पर शुरू किया। हमारी प्रेरणा के प्रमुख स्रोत धीरूभाई अंबानी भी ऐसे ही एक व्यक्ति रहे। हालाँकि ऐसे उदाहरणों की जब सार्वजनिक चर्चा की जाती है तो सुननेवाले यही कहते हैं कि ऐसी कहानी तो वे बार-बार सुनते आ रहे हैं। इनमें से एक बड़े तबके का मानना होता है कि ऐसा सैकड़ों साल में एक बार ही होता है और ऐसी घटनाएँ आम नहीं होतीं।

मैं इससे कतई सहमत नहीं हूँ और बजाय दसियों लोगों के नाम गिनाने के सिर्फ चंद लोगों का जिक्र यहाँ करना चाहूँगा, जिन्होंने जमीनी स्तर से अपना कॅरियर शुरू कर शीर्ष पर पहुँचने में सफलता हासिल की। इसकी चर्चा मीडिया में तभी होती है जब फाइनेंशियल न्यूजपेपर्स उनकी कंपनी के प्रॉफिट के बारे में लिखते हैं। इसमें पहला नाम आता है एल ऐंड टी में वर्ष 1965 से बतौर जूनियर इंजीनियर काम शुरू करनेवाले ए.एम. नाइक का, जो आज कंपनी के शीर्ष पर यानी सीईओ हैं। दूसरा नाम आता है आईटीसी के वाई.सी. देवेश्वर का, जिन्होंने वर्ष 1968 में मैनेजमेंट ट्रेनी के रूप में कॅरियर शुरू किया और आज वे कंपनी के सीईओ के पद पर विराजमान हैं। यद्यपि देवेश्वर ने तमाम अन्य कंपनियों में भी काम किया हुआ है, जिनमें एक नाम एयर इंडिया का भी है। देवेश्वर के बारे में खास बात यह है कि उन्होंने अपने समकक्ष साथियों की तुलना में सीईओ बनने में सबसे कम समय लिया। तत्कालीन बंबई में मेरी उनसे कई बार मुलाकात हुई है। लेकिन उसमें भी एयर इंडिया के नरीमन प्वाइंट स्थित ऑफिस में हुई मुलाकात की यादें खासतौर पर ताजा हैं। उस वक्त दो घंटे की मुलाकात में उन्होंने मुझसे एविएशन इंडस्ट्री की

कार्यप्रणाली पर विस्तार से चर्चा की थी। तब मैं एक फाइनेंशियल समाचारपत्र का संवाददाता हुआ करता था और मेरी बीट एविएशन इंडस्ट्री थी। उस मुलाकात में वह इस क्षेत्र से जुड़ा कोई महत्त्वपूर्ण निर्णय लेने से पहले मेरा नजरिया जानना चाहते थे। इनके अलावा जिस एक और व्यक्ति ने फर्श से अर्श तक का सफर तय किया है, वह हैं के.एम. सेठ। सेठ ने वर्ष 1952 में ग्रेट ईस्टर्न शिपिंग कंपनी में काम शुरू किया था और टॉप बॉस बनने तक वहीं रहे। प्रेरणास्पद लोगों में एक और नाम आता है एन मुत्थुरमन का, जिन्होंने टाटा स्टील में अपना कॅरियर बतौर ग्रेजुएट ट्रेनी शुरू किया था। इन सभी नामों में सामान्य बात यही है कि इन सभी पर कंपनी प्रबंधन ने पूरा विश्वास किया, उनका विकास किया और भरोसा रखा कि वे उनकी अपेक्षा पर खरे उतरेंगे।

फंडा *यह है कि अपनी कंपनी में ही योग्यता, प्रतिभा और लीडर की तलाश करो, वहीं कहीं कोई सीईओ छिपा मिल जाएगा।*

□

शैक्षणिक योग्यता से ज्यादा काम का अनुभव

कोई भी बच्चा दुनिया के अनुभवों से सबसे तेजी से सीखता है। दुनिया को देखकर वह बोलना सीखता है, बिना किसी औपचारिक शिक्षा के उपयोग में लाई जानेवाली भाषा सीखता है, चलना, दौड़ना और अपने को वातावरण के अनुरूप ढालना सीखता है। खिलौने, जो बच्चों की समझ को शक्ति प्रदान करते हैं, वे ज्यादातर अनुभव आधारित होते हैं। फिर भले ही ये दृश्य, ध्वनि, गतिविधि, दिशा अथवा आकार के जरिए यह काम करते हों। यही वह चीज है, जो अनुभव को जिंदगी के तमाम क्षेत्रों में सबसे आगे रखती है। आज के समय में दुनिया भर के शिक्षाविद् हर स्तर के शिक्षण के लिए प्रायोगिक तत्त्वों को विकसित करने में जुटे हुए हैं। इसके पीछे मूल भाव यही है कि यदि ये बातें बच्चों के लिए काम कर सकती हैं तो स्वाभाविक रूप से युवा वर्ग के लिए भी कारगर साबित होंगी। कोई हैरानी की बात नहीं कि टीवी, शैक्षणिक दौरे, प्रायोगिक खेल, प्रायोगिक परियोजनाएँ और अनुभव पर आधारित चर्चा को मशहूर शिक्षकों द्वारा सीखने के लिहाज से जिंदगी का सबसे उपयोगी साधन माना जा रहा है। यह सर्वविदित बात है कि ज्यादातर बच्चे और युवा किसी चीज को केवल पढ़ने के बजाय प्रयोग के मार्ग पर चलकर ज्यादा जल्दी सीखते हैं।

दुनिया भर में किसी उद्योग में रोजगार के अवसर देखने के दौरान कार्य करने का पूर्व अनुभव और योग्यता को निर्धारण का मुख्य बिंदु माना जाता है। इसके पीछे कुछ पुख्ता कारण हैं। प्रतियोगी के व्यवहार को परखने का सिद्धांत इस बात पर आधारित है कि 'कुछ खास परिस्थितियों में पिछले समय में किया गया व्यवहार भविष्य में इसी तरह की स्थितियों में किए जानेवाले व्यवहार का मुख्य निर्धारक

होता है।' इस सिद्धांत के अनुसार अनुभव की गुणवत्ता और समृद्धि दूसरी तमाम चीजों से बढ़कर होती है और इसी को ध्यान में रखकर किसी उम्मीदवार का चयन अथवा उसे खारिज किया जाता है।

फंडा *यह है कि अध्ययन के दौरान ही इंटर्नशिप के जरिए इतना अनुभव हासिल कर लो कि शैक्षणिक योग्यता के बजाय कार्य अनुभव के आधार पर ही बड़ी कंपनियाँ ऊँचा वेतन दें। ऐसा कई बड़ी कंपनियाँ कर भी रही हैं, वे डिग्री के बजाय अनुभव को प्राथमिकता दे रही हैं।*

□

वफादारी का सम्मान करें

विश्व भर की कंपनियों में अपने कर्मचारियों के प्रति व्यवहार में एक नया रुझान देखने को मिल रहा है। वह यह कि अगर कोई कर्मचारी कंपनी में अपनी सर्विस के दो साल भी पूरे करता है, तो कंपनी उस कर्मचारी की मौजूदगी के लिए जश्न का आयोजन करती है। उदाहरण के लिए, जनरल इलेक्ट्रिक्स (जीई) अपने यहाँ लगातार तीन साल तक सर्विस करनेवाले कर्मचारियों को सेवा पुरस्कार प्रदान करती है। इसी तरह 5 और 15 साल सर्विस करनेवालों को दूसरे किस्म के बड़े पुरस्कार प्रदान किए जाते हैं।

यूरोप में विभिन्न कंपनियाँ व्यक्तिगत रूप से हस्ताक्षरित पत्र भेजकर कर्मचारियों को उनके परिवार के साथ पाँच सितारा होटलों में डिनर पर आमंत्रित करती हैं, जिसमें वरिष्ठ निदेशक खुद उपस्थित होकर उस परिवार को गौरवान्वित करते हैं। कुछ कंपनियाँ 10 साल पूरे करनेवाले कर्मचारियों को परिवार के साथ छुट्टियों पर भेजती हैं, वह भी कंपनी के खर्चे पर। लेकिन यह सुविधा विशेष योग्यता हासिल करनेवाले कर्मचारियों को मिलती है। इसमें ज्यादातर कंपनी के महत्त्वपूर्ण पद और नीतिगत निर्णय लेनेवाले कर्मचारी होते हैं। अन्य कर्मचारियों को प्रमाण-पत्र और नकदी पुरस्कार प्रदान किए जाते हैं। इस तरह कंपनी के लिए उनके योगदान को सराहा जाता है। धीरे-धीरे यूरोपीय कंपनियाँ इस तथ्य को समझने लगी हैं कि कर्मचारियों को सालोसाल अब अपने यहाँ बनाए रखना बेहद मुश्किल हो गया है। इसके लिए वे अभी ऐसी रणनीति बनाती हैं, जिससे कि अच्छे कर्मचारी के दिमाग में कंपनी छोड़कर जाने की बात ही न उठे।

जैसे-जैसे कुशल कर्मचारियों का कारोबारी बाजार में टोटा पैदा होना शुरू हुआ है, कंपनियाँ व्यापक कार्यक्रमों की रूपरेखा तैयार करने में जुट गई हैं।

फंडा *यह है कि वफादार और कर्मठ कर्मचारियों को अपने यहाँ बनाए रखने के लिए उन्हें वक्त-वक्त पर उनकी अहमियत से वाकिफ कराते रहना चाहिए। इसका बेहतर तरीका यही है कि उन्हें उनकी सेवाओं के लिए विशेष तौर पर पुरस्कृत और सम्मानित किया जाए।*

□

युवा कर्मचारियों के साथ सहजता से पेश आएँ

वे दिन गुजरे जमाने की बात हो गए हैं, जब किसी कंपनी में बॉस के हुकुमनामे और चीख-चिल्लाहट से कर्मचारियों की हालत खराब होने की नौबत आ जाया करती थी। आज का यथार्थ यह है कि युवा, विशेषकर नई टेक्नोलॉजी के जमाने में पली-बढ़ी पीढ़ी अपने बॉस के गले की 'खराश' को भी उसके खराब मिजाज का अंदेशा समझकर कंपनी को धता बताने से गुरेज नहीं करती।

शायद नई पीढ़ी के इसी मूड को भाँपते हुए बंगलौर के मानव संसाधन प्रबंधक अपनी कंपनी के हर विभाग प्रमुख को समझाने-बुझाने में लगे हैं कि कॉलेज से सीधे निकलकर आए बच्चों यानी बिलकुल युवा कर्मचारियों के साथ वे प्यार-मोहब्बत से पेश आएँ।

टेक्नोलॉजी और सॉफ्टवेयर कंपनियों को अपने कर्मचारियों के पलायन की समस्या से सबसे अधिक जूझना पड़ रहा है, क्योंकि युवा कर्मचारी कंपनी में वरिष्ठ की चीख-चिल्लाहट और ऊँची आवाज को सुनने के आदी नहीं हैं। दूसरे शब्दों में कहा जाए तो वे उनको कोई भाव नहीं देते।

इसलिए अब तीन दिन की कार्यशालाएँ आयोजित की जा रही हैं और उन्हें यह पाठ पढ़ाया जा रहा है कि युवा कर्मचारियों को कैसे सँभालें, अपने गुस्से पर काबू कैसे पाएँ और इन बच्चों को पुचकारकर कैसे काम कराएँ? ऐसा कदम उठाए जाने के पीछे सबसे बड़ी वजह यह है कि कंपनी में नया-नया जॉब करने आए इन युवा कर्मचारियों को सबसे कम वेतन मिलता है और वे हमेशा इसमें वृद्धि की आशा

में एक कंपनी से दूसरे कंपनी में छलाँग लगाते रहते हैं। उनकी जगह वरिष्ठ को लेने से कंपनी की जेब पर भार बढ़ता है।

***फंडा** यह है कि कंपनियों को अपने हक का लड्डू ही खाना चाहिए, नए और युवा कर्मचारियों के हक का लड्डू मारने के लालच से परहेज करना चाहिए।*

□

अच्छे कर्मचारियों को रोके रखें

कुछ साल पहले मैं अपनी कंपनी के लिए अमेरिका में रह रहे एक भारतीय का साक्षात्कार ले रहा था। उस दौरान उसने मुझसे एक बड़ा विचित्र किस्म का सवाल किया कि कंपनी 'कोला' की सुविधा प्रदान करेगी?' मैं इसके लिए तैयार नहीं था और बिलकुल सकते में आ गया। कोला का फुल फार्म था—कॉस्ट ऑफ लिविंग अलाउंस। उस समय यह कंपनियों में प्रचलन में नहीं था।

हालाँकि अब कुछ कंपनियों ने अपने वरिष्ठ कर्मचारियों के लिए इसकी शुरुआत कर दी है। हाल में अमेरिका में इस क्रम में एक नया ट्रेंड दिखाई दे रहा है। इसके अंतर्गत कंपनियों ने अपने कर्मचारियों के पलायन को रोकने के लिए अनलिमिटेड पेट्रोल कार्ड देना आरंभ किया है। हर माह पेट्रोल की बढ़ती कीमतों को देखते हुए माइक्रोसॉफ्ट ने सबसे पहले अपने चुनिंदा कर्मचारियों के लिए पेट्रोल कार्ड की शुरुआत की। इसके तहत कंपनी इस कार्ड का बिल भरती है। दुनिया भर में कंपनियाँ अपनी जेबें ढीली करने की कोशिश कर रही हैं, जिससे कि कंपनी के सुयोग्य कर्मचारियों को बनाए रखा जा सके, क्योंकि बाजार में वे कुशल और प्रशिक्षित कर्मचारियों की भारी कमी महसूस कर रही हैं। वैसे यह स्थिति बाजार के अनुसार अलग-अलग देखने को मिल रही है। जैसे कि अगर कंपनी जापान जैसे देश में है, जहाँ पर उम्रदराजों की जनसंख्या अधिक हो रही है, तो वहाँ पर युवा कर्मचारियों को अधिक भुगतान करने की प्रवृत्ति दिखाई देती है। यदि वे ऐसे बाजार में हैं, जहाँ हुनरमंद कर्मचारियों की कमी है तो किसी खास किस्म के हुनरमंद

कर्मचारी को अधिक वेतन देना पड़ा सकता है।

__फंडा__ यह है कि जिस तेजी से वैश्विक बाजार का विस्तार हो रहा है, उस गति से योग्य और अपेक्षित कर्मचारियों की आपूर्ति नहीं हो पा रही है, ऐसे में कर्मचारियों को आकर्षित करने और उन्हें बनाए रखने के लिए वेतन और दूसरी बड़ी सुविधाओं का आकार बढ़ाना जरूरी हो गया है।

□

अधीनस्थों को साथ लेकर चलें

नेतृत्व का अर्थ अधिकार कतई नहीं है। इसका यह भी अर्थ नहीं है कि आपके अधीन काम करनेवाले आपके आगे-पीछे घूमें और 'यस सर' या 'यस मैडम' कहते हुए जी-हुजूरी करें। यह केवल एक पद है और उससे मिला हुआ पदाधिकार। वास्तविक नेतृत्व में अधीनस्थ कर्मचारियों के साथ न केवल खुलापन होता है, बल्कि सच्चा और प्रामाणिक रिश्ता भी होता है, ताकि नेतृत्वकर्ता उनकी क्षमता, कमजोरी, संपर्क गुण, उनकी अपनी बात और उनमें छिपी हुई सांगठनिक क्षमता के अलावा अन्य गुणों को उभारने में उनका मददगार हो।

नेतृत्ववान को हर समय तैयार रहना चाहिए। खासकर तब नेतृत्वकर्ता को सबसे आगे रहना चाहिए जब परेशानियाँ समक्ष हों। नेतृत्ववान को चाहिए कि वह खुद को तब साबित करे, जब आपके अधीन काम करनेवाले लोग और सहयोगियों को आपकी सबसे ज्यादा जरूरत हो। नेतृत्वकर्ता को चाहिए कि वह अपने अधीनस्थों की समस्याओं को प्रबंधन तक पहुँचाए और यह भी तय करे कि कर्मचारियों से काम लेकर वह प्रबंधन को संतोषजनक परिणाम दे।

एक नेतृत्वकर्ता के तौर पर आप अपने सभी कर्मचारियों के भविष्य के लिए एक 'रोड मैप' तैयार करने में समर्थ हो सकते हैं और अनुबंधित समय में गोल हासिल करने में उनके मददगार बन सकते हैं। आपको चाहिए कि आप अपने काम से जताएँ कि आपको क्या चाहिए। आपको जो भी जिम्मेदारी सौंपी जाए, उसका आपको एक लंबा अनुभव होना चाहिए।

> **फंडा** *यह है कि नेतृत्वकर्ता से उम्मीद की जाती है कि वह अपने अधीनस्थों और कंपनी के अन्य सेक्शनों के कर्मचारियों की बात सुने और उन्हें अपने साथ लेकर चले। अन्यथा बैठ जाए और अपना मुँह बंद रखे।*

□

पुराना है संदेह और संबंधों का गठजोड़

दूसरों के प्रति संदेह की भावना रखना हमारी फितरत का ऐसा हिस्सा है, जिसके साथ हममें से हर एक को आजीवन रहना है। जिस प्रकार स्वार्थ की भावना मानव को स्वभावत: मिलती है, संदेह की प्रवृत्ति भी उसी श्रेणी में आती है। हाँ, स्वार्थ और संदेह का प्रतिशत हर व्यक्ति के अनुसार कम-ज्यादा हो सकता है और यह इस बात पर निर्भर करता है कि हम व्यवहार किसके साथ कर रहे हैं? कई बार संदेह और किसी बात में अनिश्चय की स्थिति ने प्रबंधकों और कर्मचारियों के संबंधों को मजबूती ही प्रदान की है। यहाँ पर समझनेवाली बात यह है कि संदेह को अविश्वास समझकर इसे खारिज नहीं कर देना चाहिए। संदेह का एक कतरा कइयों की नजर में सेहत के लिए गुणकारी होता है।

सच्चाई यह है कि संदेह कभी-कभी संबंधों के लिए फायदेमंद होता है। इसको सही भावना में लें तो यह आपको कई बार ताकत देता है। आपकी उपलब्धियों और योग्यताओं की पड़ताल करता है और आपकी हैसियत में चार चाँद लगाने का काम करता है। जब संदेह की दशा में नियंत्रण और संतुलन कायम किया जाता है, तब प्रबंधन कर्मचारी की सही परख करता है और इससे वह व्यवस्था में और मजबूती के साथ सामने आता है।

देश को हिलाकर रख देनेवाले हालिया आरुषि हत्याकांड के मामले में किसी तरह के नतीजे पर पहुँचना फिलहाल जल्दबाजी होगी। लेकिन कुल मिलाकर देखें तो घटना की शिकार लड़की के पिता मामले के प्रकाश में आने की शुरुआत में जिस स्थिति में थे, उससे मजबूत होकर निकले हैं (हालाँकि अभी जाँच चल रही है)।

इन हालात को अगर कामकाजी दुनिया में रखकर देखें तो कंपनी में किसी कर्मचारी को सिर्फ संदेह के आधार पर दंडित नहीं किया जाता, भले ही उसके बारे में किसी तरह की बात कंपनी के अपने स्रोत या किन्हीं दूसरे स्रोतों से होकर पहुँची हो। किसी तरह का संदेह पैदा होने पर पहले इसकी जाँच-परख कर लें। ऐसे में कई बार कर्मचारी की स्थिति काफी मजबूत होकर सामने आती है।

फंडा *ये है कि संदेह प्रबंध-संस्कृति की एक आवश्यक बुराई सरीखी साबित होती है।*

□

कॉरपोरेट लाइफ में राम-रावण

हर कोई भगवान् राम को जानता है और इसके साथ ही रावण को भी। लेकिन रावण भगवान् शिव का भक्त था और उनके समक्ष सिर नवाता था। दस सिर का स्वामी होने के बावजूद वह शिव की बुद्धिमानी और गरिमा को जरा सा भी स्वयं में अंतर्भूत नहीं कर पाया था। वह शिवत्व की मूलभावना को सम्मान नहीं दे सका और उसके अनुसार अपने जीवन को ढाल नहीं सका। वह राजसत्ता और दौलत के मद में चूर रहा और उसमें आनंदित होता रहा। इसी वजह से वह डींग हाँकनेवाला बना रहा। आधुनिक कॉरपोरेट लाइफ में राम जैसे नेतृत्वकर्ताओं की जरूरत है, जो लोगों को अपने जीवन को पूरी तरह जीने की छूट देते हैं। लीडर ऐसा नहीं हो सकता जो कि स्वर्णनगरी पर राज करता है और रथ पर उड़ान भरता है, मगर अपने लोगों में नकारात्मक भावना को जन्म देता है।

राम एक हीरो और ईश्वर हैं, इसलिए नहीं कि वे एक पिता के सुपुत्र हैं, बल्कि इसलिए कि वे दूसरों के कल्याण के प्रति समर्पित हैं, दूसरों के विचार का सम्मान करते हैं और अपनी पत्नी की भी अग्निपरीक्षा के लिए तैयार रहते हैं। दूसरों के लिए जीवन समर्पित कर पाना सबके वश की बात नहीं है, क्योंकि इस दौरान सबको संतुष्ट कर पाना आसान नहीं है। लेकिन जो इसकी कोशिश करते हैं, उन्हें अधिकतम सफलता हासिल होती है। कॉरपोरेट की दुनिया में कई वरिष्ठ अधिकारी जब अपनी ताकत दिखाना चाहते हैं तो अपने दस सिर की आभा से हमारी आँखें चौंधियाने का कोई मौका हाथ से नहीं जाने देते। लेकिन असली ताकत तो वह है जब आप लोगों का सही नेतृत्व करने का दमखम दिखाएँ।

फंडा *यह है कि आज की कॉरपोरेट लाइफ में आप राम होना चाहते हैं या रावण—फैसला आपके हाथ में है।*

□

लंबे कामकाजी जीवन के नियम

पहली बात यह है कि कई खुशनसीबों के लिए ऑफिस का समय शाम के 7 बजे समाप्त हो जाता है। दूसरी बात यह कि वे ऑफिस से खुद को अलग रखकर आराम से नए तरीके इजाद करते हैं या फिर सिनेमा का लुत्फ उठाते हैं। कुछ ऐसे भी हैं, जो टीवी पर अपने पसंदीदा धारावाहिक का आनंद या परिवार के साथ किसी रेस्तराँ में खाने का जायका ले रहे होते हैं। तीसरी बात यह कि ऑफिस के गेट से बाहर आने पर वे काम के बारे में बिलकुल नहीं सोचते। चौथी बात यह कि आराम के क्षणों में ये लोग काम के बारे में कोई बात नहीं करते, क्योंकि ऑफिस से बाहर आते वक्त वहाँ की जिम्मेदारी अपने जूनियर पर पूरा विश्वास जताते हुए सौंप चुके होते हैं।

यदि ये बातें आप नहीं कर रहे हैं, तो समझिए कि आप अपनी कब्र स्वयं ही खोद रहे हैं। क्योंकि एक जिंदादिल और कामकाजी लाइफ के लिए आपको अपने काम करने के समय को एक खास समय पर विराम देना चाहिए। आराम के समय कामकाज से स्वयं को मुक्त रखना चाहिए। वरना पीठ और सिरदर्द एक समय के बाद आपके पक्के साथी बन जाएँगे। संभावना इस बात की ज्यादा है कि आपके समकक्षी इसकी परवाह भी नहीं कर पाएँगे। आपके लिए जरूरी है कि अपने स्वास्थ्य की चाबी अपने पास रखें, क्योंकि कोई भी कंपनी स्वास्थ्य की दृष्टि से लुंजपुंज लोगों को अपने लीडर के रूप में नहीं देखना चाहती। मेहनत जमकर करें मगर निर्धारित समय में, न कि सारी रात और सारे दिन। कई ऑफिसरों को अपने उद्योग जगत् की प्रतिस्पर्द्धी दुनिया की पूरी खबर होती है, मगर यह नहीं पता होता कि उनके 10 साल के लाड़ले ने 100 मीटर की दौड़ में स्वर्ण पदक जीता है। आपका यही तौर-तरीका रहा तो दोस्त ही नहीं, आपका अपना परिवार भी आपके

लिए किसी दूसरे उपग्रह के प्राणी बनकर रह जाएँगे।

ऑफिस में अपने सहयोगियों और मातहतों से जिम्मेदारियाँ जरूर शेअर करें, सबकुछ अपने पास न रखें। उनसे मदद लेना और भरोसा जताना न भूलें। इससे आपका तनाव भी कम होगा और स्वास्थ्य भी बना रहेगा।

फंडा *यह है कि चमकदार, गौरवशाली और लंबे कामकाजी जीवन के लिए कुछ कामकाजी नियमों का पालन अवश्य करें।*

□

कर्मचारियों के साथ अंत तक सम्मानजनक व्यवहार करें

बार-बार नौकरी बदलना हालाँकि आजकल एक आम और साधारण सी बात हो गई है, लेकिन ऐसा क्यों है कि लोग माह की पहली तारीख या वेतन मिलने के अगले दिन ही नौकरी छोड़ देते हैं? ऐसा इसलिए है कि कोई कंपनी ऐसे कर्मचारी के साथ सही ढंग से सलूक नहीं करती मिलती, जो अपने उजले भविष्य के लिए कंपनी छोड़कर जाना चाहता है।

हाल ही में आईआईटी छात्रों द्वारा किए गए एक सर्वेक्षण से यह बात सामने आई है कि एक बार कर्मचारी अपना इस्तीफा देने का फैसला करता है, तो उसके साथ कंपनी 'अवांछित तत्त्व' जैसा व्यवहार करने लगती है। सालों से जिस प्रोजेक्ट का काम उसकी देखरेख में किया जाता रहा था, उसे देखते-देखते दूसरे को सुपुर्द कर दिया जाता है और उसकी मौजूदगी के बिना प्रोजेक्ट से संबंधित गुप्त बैठकें संपन्न की जाती हैं। यदि कर्मचारी को तीन या एक माह की नोटिस अवधि बितानी होती है, तो कर्मचारी के लिए वह समय नरक में गुजारने जैसा हो जाता है।

यही वजह है कि अधिकतर कर्मचारी वेतन मिलने के ठीक बाद कंपनी छोड़ देते हैं या इस्तीफा देने के साथ ही लंबी छुट्टी पर चले जाते हैं। ऑकलैंड यूनिवर्सिटी के प्रोफेसर संजीव गौर का मानना है कि कंपनी को ऐसे कर्मचारियों के साथ सहज व्यवहार करना चाहिए, क्योंकि अगर कंपनी को नुकसान पहुँचाने या अहित करने के संदेह पर उसके साथ अवांछित व्यवहार किया जाता है, तो वह ठीक नहीं है। प्रमुख वजह यह भी है कि अगर उसे किसी तरह का आँकड़ा आदि चुराना या नुकसान पहुँचाना है तो यह उसने पहले ही कर लिया होगा—इस्तीफा देने के

बाद ऐसा करने की कोई जरूरत नहीं है। प्रोफेसर गौर के अनुसार भारतीय नौकरी छोड़ने के मामले में आमतौर पर काफी सावधान होते हैं और किसी दूसरी कंपनी में जॉब मिलने का ठोस ऑफर लेटर मिलने से पहले अपनी योजना के बारे में किसी को नहीं बताते।

गौर कहते हैं—बड़ी कंपनियों में वरिष्ठ एक्जीक्यूटिव की अपने पद पर काम करते समय अपने सभी कामकाज की माहवारी सीडी तैयार करने की आदत होती है, ऐसे में इसका सवाल पैदा नहीं होता कि उनके पास जरूरी डाटा पहले से ही न हो। सच तो यह है कि कर्मचारी के साथ अंतिम समय तक अच्छा व्यवहार किया जाता है, तो वह जाते समय तक कंपनी के प्रति वफादार बना रहता है।

फंडा *यह है कि कर्मचारियों की सम्मानजनक विदाई कर कंपनियों को अपनी छवि बरकरार रखने के साथ-साथ कोशिश करनी चाहिए कि प्रतिभाशाली कर्मचारी कंपनी में आने से हिचकें नहीं।*

□

लक्ष्य के साथ उचित मार्गदर्शन भी दीजिए

बड़े लक्ष्य देना आजकल का चलन बन चुका है। इसके साथ ही उन लक्ष्यों के प्रति कर्मचारियों का असंतोष स्वाभाविक प्रतिरोध के तौर पर भी स्वीकार कर लिया गया है। लेकिन बड़े लक्ष्यों के साथ अगर व्यापक मार्गदर्शन यानी दिशा-निर्देश हों तो उसके परिणाम निश्चित तौर पर प्राप्त होते हैं। इसे सिद्ध करती है मध्य प्रदेश के इंदौर की यह सत्य घटना।

मध्य प्रदेश के एक पिछड़े इलाके में स्थित है एक राष्ट्रीयकृत बैंक की शाखा। जिला मुख्यालय से उसकी दूरी लगभग 25 किलोमीटर है। शाखा का कारोबार मुख्यत: कृषि पैदावार और किसानों के बचत खातों पर निर्भर है। एक दिन ऐसा आया जब शाखा को किसानों को किसान क्रेडिट कार्ड (केसीसी) बेचने का निर्देश प्राप्त हुआ। उन्हें एक वर्ष में सौ कार्ड बेचने का लक्ष्य दिया गया। जबकि शाखा में एक प्रबंधक, एक क्लर्क और एक चपरासी का कुल जमा स्टाफ ही था।

शाखा प्रबंधक ने तर्क रखा कि सहकारी बैंक समेत तमाम अन्य बैंक पहले से ही क्रेडिट कार्ड बेच रहे हैं, ऐसे में क्षेत्र में और कार्ड बेचने की गुंजाइश कम ही रह जाती है। यह जानकार कंट्रोलर ने क्रेडिट कार्ड की मार्केटिंग के कुछ बिंदु सुझाए और शाखा प्रबंधक को आश्वस्त किया कि अगर लक्ष्य हासिल नहीं किया जा सकेगा, तो उसे कम कर दिया जाएगा। उनके द्वारा सुझाए बिंदु इस तरह थे—

1. बैंक की शाखा मध्य प्रदेश की कपास बेल्ट में पड़ती है। कपास की बुवाई अप्रैल माह में शुरू होती है। अत: क्रेडिट कार्ड वितरित करने की शुरुआत अप्रैल माह में ही करनी चाहिए, जो जुलाई के अंत तक

चले। कंट्रोलर ने शाखा प्रबंधक को यह भी सुझाव दिया कि वह अपने क्षेत्र में आनेवाले ग्रामीण इलाकों में सुबह के समय जाएँ। साथ ही गाँव की चौपाल में किसानों की एक मीटिंग रखें। कारण यह था कि किसान खेतों में अलस्सुबह ही निकल जाते थे।

2. सरकार द्वारा चलाई जा रही किसान क्रेडिट कार्ड योजना और उसके लिए जरूरी कागजातों से जुड़ी औपचारिकताओं की विस्तृत जानकारी ग्रामवासियों को दी जाए।
3. स्थानीय आवश्यकता के अनुरूप प्रचार सामग्री तैयार की जाए। उसे सही तरीके से वितरित कर बैंक और गाँव के महत्त्वपूर्ण स्थानों पर चस्पाँ किया जाए।
4. ग्रामीण स्तर के कृषि अधिकारी और सरपंच के संपर्क में रहा जाए और उनसे अच्छे किसानों की जानकारी एकत्र की जाए।
5. रकम छोटी हो या बड़ी, केसीसी से जुड़ा कोई भी केस मना नहीं किया जाए। अगर उसे स्वीकारना संभव नहीं है तो उस पर संबंधित ग्रामीण से विस्तार से चर्चा करें। फिर भी अगर मना करना पड़ता है तो ग्रामीण को उसकी पूरी वजह बताएँ। यह गाँव में प्रचार का काम करेगा, साथ ही गाँववासियों को लगेगा कि शाखा प्रबंधक उनकी बात गंभीरता से सुनता है और वाजिब कारणों से इनकार करता है।
6. कंट्रोलर ने शाखा प्रबंधक को यह भी आश्वस्त किया कि यदि काम बढ़ता है तो वह सहर्ष ही अतिरिक्त स्टाफ की तैनाती कर देगा।

इसके बाद उक्त शाखा ने वर्ष भर में सौ नहीं, बल्कि 275 किसान क्रेडिट कार्ड बेचने में सफलता हासिल की।

फंडा *यह है कि उपलब्धियाँ ऐसी ही रणनीति, मार्गदर्शन और सहयोग से हासिल की जाती हैं।*

□

इंटर्नशिप के दौरान न भूलें जरूरी बातें

किसी बड़ी कंपनी में इंटर्नशिप आज के समय में कॉरपोरेट वर्ल्ड में प्रवेश का द्वार बनता जा रहा है। बड़ी कंपनियों में इस तरह की ट्रेनिंग हासिल करनेवाले विद्यार्थियों को या तो अपनी नियमावली खुद तैयार करनी चाहिए या फिर कंपनियों को उनके विकास को ध्यान में रखते हुए नियम तैयार करने चाहिए। इनमें से कुछ इस प्रकार हैं—

किसी भी कंपनी के लिए इंटर्नशिप शुरू करने के दौरान उससे जुड़ी अधिक-से-अधिक जानकारी हासिल करने की कोशिश करें। कंपनी के साथ जुड़ने के बाद जितना संभव हो, उतनी अधिक कार्यगत जिम्मेदारियाँ उठाएँ। हालाँकि ऐसी जिम्मेदारी न लें, जिसे क्रियान्वित करने में आप सक्षम न हों। सभी विभागों के प्रमुखों के संपर्क में रहें और उन्हें बिना परेशान किए अधिक-से-अधिक प्रश्न करें, लेकिन इस दौरान यह ध्यान रखें कि आपके प्रश्नों से कोई परेशान न होने लगे।

ध्यान रखिए, हर काम अच्छा होता है और इंटर्नशिप का यही मूल सिद्धांत बनाएँ। चाय अथवा पेपर लाना या किसी दूसरे ऑफिस से चपरासी को बुलाना भी काम का ही एक हिस्सा है। इंटर्नशिप के दौरान मार्गदर्शक की खोज करें। अपने मार्गदर्शक से पेशेवर संबंध बनाकर रखें। कार्य के दौरान उचित पोशाक पहनें और समय पर ऑफिस पहुँचें। ऑफिस के सिद्धांतों का सम्मान करें और ऑफिस की नीतियों और नियमों का पालन करें। कभी-कभी आप तनाव या दबाव में आ सकते हैं, लेकिन अपनी भावनाएँ नियंत्रित रखें, उन्हें अपने पर हावी न होने दें। शांत

रहकर ही आप अपने परिपक्व होने का परिचय दे पाएँगे।

सबसे आखिरी और महत्त्वपूर्ण बात, अपने अहं को किनारे कर दें और संस्थान के सारे सदस्यों के साथ व्यवहार बनाए रखें, क्योंकि वे ही लोग आपको इस कंपनी अथवा किसी दूसरी कंपनी से शुरुआत करने के बारे में बेहतर राय दे पाएँगे।

फंडा *यह है कि यदि आप इंटर्नशिप कर रहे हैं तो कुछ नियमों को हमेशा ध्यान में रखें और इन्हें नियमित रूप से व्यवहार में लाएँ।*

□

सफलता के लिए खुद को रखें अपडेट

बात 1920 की है। महाबलेश्वर नामक हिल-स्टेशन के कुछ किसानों ने तत्कालीन ब्रिटिश राज में कुलीनों की पसंद समझे जानेवाले फल स्ट्रॉबेरी को उगाना शुरू किया था। किसानों को लगता था कि स्ट्रॉबेरी फल केवल धनवान और संभ्रांत लोगों के लिए ही होता है या कि ये लोग ही सिर्फ इसको खरीद और खा सकते हैं, न कि अपनी आजादी की जंग में जूझ रहे गरीब आम भारतीय नागरिक।

लेकिन अंग्रेजी राज की समाप्ति के बाद समय के साथ भारतीयों की सूरत और सीरत में बदलाव आया। धीरे-धीरे भारतीय धनाढ्य वर्ग भी स्ट्रॉबेरी को अपने खानपान में शामिल करने लगा। इस तरह एक समय स्ट्रॉबेरी का उत्पादन करनेवाले किसानों की तादाद केवल 100 तक सीमित थी। लेकिन धीरे-धीरे दूसरे किसानों ने भी इसकी ओर रुख करना शुरू कर दिया। इन्होंने ऑस्ट्रेलिया और कैलिफोर्निया (अमेरिका) के स्ट्रॉबेरी उत्पादकों से भी संपर्क साधा और वहाँ से बीज मँगवाए।

आजादी के 60 साल बाद कुल 1350 किसान भारत में कुल स्ट्रॉबेरी उत्पादन का 87 फीसदी पैदा करते हैं। वजन के हिसाब से देखें तो ये 15000 टन का उत्पादन करते हैं। वर्ष 1992 में इसमें क्रांति देखने को मिली। एक किसान महेंद्र पंगारे अपने मित्रों के साथ कैलिफोर्निया पिकनिक मनाने गए और वहाँ से अपने भाई के लिए उपहार-स्वरूप स्ट्रॉबेरी का एक पौधा लेकर आए। इससे पैदा हुआ फल कहीं अधिक स्वादिष्ट और आकार में बड़ा था। महाराष्ट्र के तत्कालीन मुख्यमंत्री शरद पवार एक मीटिंग के सिलसिले में जब महाबलेश्वर पहुँचे तो पंगारे ने उनका स्वागत इन फलों से किया। पवार काफी प्रभावित हुए और उन्होंने नई पौध के

महत्त्व को समझते हुए 1993 में स्ट्रॉबेरी के 25,000 पौधे मँगाने का इंतजाम किया। कैलिफोर्निया और मेक्सिको के क्रमश: 22 और 20 टन प्रति एकड़ की तुलना में महाबलेश्वर में प्रति एकड़ 12 टन स्ट्रॉबेरी का ही उत्पादन हो पाता है। किसान प्रति एकड़ उत्पादन बढ़ाने के लिए हर नया ज्ञान हासिल करने की कोशिश कर रहे हैं।

फंडा *यह है कि वक्त के साथ चलने और अपने ज्ञान को बढ़ाते रहने से कृषि या किसी भी बिजनेस में क्रांति लाई जा सकती है। सवाल यह है कि आप अपने मकसद को पूरा करने के लिए किस हद तक आगे बढ़ने के लिए तैयार हैं?*

□

मेहनती और समर्पित लोगों को तरजीह दें

अमेरिका में लॉ-क्लीनिक होते हैं और इंग्लैंड में निगोसिएशन-क्लीनिक। इन क्लीनिकों में लोग क्रमशः कानून व सौदेबाजी करने का सलीका और हुनर सीखने आते हैं। कालांतर में ये छात्र वकील या किसी कंपनी में सौदेबाज बन जाते हैं।

इन क्लीनिकों में आपको कार बेचने, नई कारों की डीलिंग करने, वाहन बीमा आदि के बारे में सिखाया जाता है। इसी तरह लॉ-क्लीनिक में आपको जेल की सलाखों के पीछे पहुँचा दिए गए अभियुक्त के पास जाकर उससे अपने मामले की फाइल फिर से खुलवाने के लिए मनाने और मुकदमे को उसकी तार्किक परिणति तक पहुँचाने हेतु मुकदमा लड़ने के लिए तैयार करने की रणनीति सिखाई जाती है। इन छात्रों द्वारा अपने हाथ में लिये गए कितने मामलों में दंड को या तो कम कर दिया गया या फिर अभियुक्त को बाइज्जत बरी कर दिया गया। इसी तरह कार बेचने के मामले में छात्रों ने मँझे हुए सेल्समैनों की तुलना में कंपनी के लिए लाभ के नए प्रतिमान कायम किए। इससे एक बात स्पष्ट हो जाती है कि आर्थिक लाभ का जायका चखने से भी महरूम रह जाने और सिर्फ अपना प्रोजेक्ट पूरा करने की तमन्ना करनेवाले छात्रों ने पैसे के लालच में मुकदमेबाजी करने और महज नाम के माहिर सेल्समैन कहलानेवाले सौदेबाजों से बेहतर परफॉर्मेंस दिया।

उनके अनुभवों और प्रयोगों पर आधारित अध्ययन रपट में बताया गया कि पूर्वग्रह से मुक्त और नई सोचवाला दिमाग अनुभवी व्यक्तियों से बेहतर प्रदर्शन करता है। इसकी एकमात्र समस्या है कि इसमें समय लगता है और हमसे धीरज और विश्वास बनाए रखने की अपेक्षा की जाती है।

फंडा *यह है कि अगर आपके पास कोई प्रोजेक्ट है और इसके लिए पर्याप्त समय है, तो कृपा करके इसे मेहनती और काम के प्रति समर्पित कुछ छात्रों को सौंपें, बजाय अपने फील्ड के तथाकथित स्वनामधन्य, अनुभवी गण्यमान्य जनों के।*

सूचना-पट पर रोचक बातें

साल के आगमन के स्वागत समारोह का मैं हॉलैंड की राजधानी एम्सटर्डम में रहकर लुत्फ उठा रहा था। स्टेशन के ठीक बाहर नदी के किनारे दुकानों की लंबी कतार थी। इन दुकानों में नोटिस बोर्ड टँगे थे। भीड़ हर दुकान के सामने पल भर के लिए रुकती, नोटिस बोर्ड पढ़ती, जोर का ठहाका लगाती और फिर आगे बढ़ जाती। मैंने भी स्वयं भीड़ का हिस्सा बनना पसंद किया और इस तरह मुझे भी ठहाका लगाने का मौका नसीब हुआ।

नोटिस बोर्ड पर मुझे जो कुछ पढ़ने को मिला, उसे मैं आप लोगों तक पहुँचा रहा हूँ—

- एक मूढ़ आदमी एक महिला को बड़बड़ाना बंद करने को कहता है, लेकिन एक बुद्धिमान आदमी कहता है—आपके गुलाबी होंठ जब बंद रहते हैं तो आप सचमुच में बहुत खूबसूरत दिखती हैं।
- शराब पीना कम करने की सबसे आसान तरकीब यह है कि जब आप कुँआरे हों, तो दुखी होने पर पिएँ। विवाहोपरांत तब पिएँ जब कभी आप खुश हों।
- कम्युनिकेशन के सबसे तेज माध्यम—1. टेलीफोन, 2. टेलीविजन, 3. टेल ए वुमन—अगर अभी भी और तेजी से अपनी बात किसी तक पहुँचाने की जरूरत महसूस हो, तो उस महिला से कहें कि वह यह बात किसी और से न कहे।
- अपने मित्रों को प्यार करें, न कि उनकी बहनों को। अपनी बहनों को प्यार करें, न कि उनकी फ्रेंड्स को।

- एक इनसान ने ईश्वर से दो वरदान माँगे, सर्वोत्तम वाइन और सबसे खूबसूरत महिला। अगले ही पल उसके सामने सर्वोत्तम वाइन और मदर टेरेसा हाजिर हुईं। नीति-वचन—अपनी चाहत बिलकुल साफ-साफ शब्दों में कहें।
- हमें उदारता चींटियों से सीखनी चाहिए। चार चींटियाँ एक जंगल से गुजर रही थीं कि उन्होंने एक हाथी को अपनी ओर आते देखा। पहले नंबर की चींटी ने कहा—उसे मार डालना चाहिए। दूसरी चींटी ने कहा—नहीं, हमें उसकी सिर्फ टाँग तोड़ देनी चाहिए। तीसरी चींटी ने कहा—नहीं, हमें उसको सिर्फ अपने रास्ते से हटा देना चाहिए। चौथी चींटी ने कहा—नहीं, हमें उसे बख्श देना चाहिए, क्योंकि वह अकेला है और हम चार हैं।
- यदि आपके जीवन में अँधेरा है तो ईश्वर से इससे छुटकारा दिलाने की प्रार्थना करें। इसके बावजूद अँधेरा बरकरार है, तो कृपया बिजली का बिल अदा कर दें।
- सरकार एक व्यक्ति को दो महिलाओं से शादी करने की अनुमति इसलिए नहीं देती कि संविधान के अनुसार आपको एक ही गलती के लिए दो बार सजा नहीं दी जा सकती।
- पानी का एक जहाज समुद्र तट पर बिलकुल सुरक्षित होता है। लेकिन किनारे पर रहने के लिए इसे नहीं बनाया गया है।

—अल्बर्ट आइंस्टीन

> **फंडा** *यह है कि आदमी सीखना चाहे तो जिंदगी और दुनिया की साधारण सी चीजें और बातें भी हमें बड़ी शिक्षाएँ दे देती हैं।*

□

गॉसिप करनेवालों से बचें

एक व्यक्ति बड़े जोश में एक संत के पास पहुँचा और कहा—मैंने आपके एक शिष्य के बारे में अभी-अभी एक बात सुनी है। पता नहीं, आपको मालूम है कि नहीं? संत ने उससे थोड़ा ठहरने के लिए कहा और वे बोले—इससे पहले कि तुम मेरे शिष्य के बारे में कुछ कहो, तुम्हें एक परीक्षण से गुजरना पड़ेगा। इस परीक्षण को 'ट्रिपल फिल्टर' टेस्ट कहते हैं।

ट्रिपल फिल्टर?

हाँ, ट्रिपल फिल्टर। तुम जो भी बताने जा रहे हो, हम पहले उसकी जाँच-परख कर लेना चाहते हैं कि वह कहने-सुनने के लायक है भी या नहीं। इस क्रम में पहला फिल्टर 'सत्य' है। क्या तुम इस बात को लेकर पूर्णत: आश्वस्त हो कि जो कुछ भी मुझसे कहने जा रहे हो, वह बिलकुल सत्य है?

व्यक्ति ने कहा—नहीं, दरअसल आपके शिष्य के बारे में यह बात मैंने केवल सुनी भर है और···

संत ने कहा—इसका मतलब यह हुआ कि तुम्हें अपनी बात की सत्यता के बारे में कुछ भी पता नहीं है।

फिर ऐसा करते हैं कि दूसरे फिल्टर का उपयोग करते हैं। इस फिल्टर का नाम है 'अच्छाई'। तुम मेरे शिष्य के बारे में जो कुछ बताना चाहते हो, उसमें कुछ अच्छी बात है?

—नहीं, ऐसा बिलकुल नहीं है, बल्कि इसका उलटा है।

—इसका मतलब यह हुआ कि तुम उसके बारे में कोई खराब बात बताने जा रहे हो। इसके बावजूद तुम्हें उस बात की सच्चाई का पता नहीं है।

व्यक्ति थोड़ा घबराया और बेचैनी सी महसूस करने लगा।

संत ने आगे बात जारी रखी—अभी भी आपके टेस्ट में पास होने की गुंजाइश है, क्योंकि तीसरा फिल्टर भी मौजूद है। इसे कहते हैं 'उपयोगिता'। अच्छा यह बताओ कि मेरे शिष्य के बारे में तुम जो भी बताओगे, वह मेरे किसी काम का है या नहीं?

बिलकुल नहीं।

इस पर संत ने कहा—अच्छा तो यह बात है। तुम्हारी बात न तो सच है, न तो अच्छी है और न ही मेरे किसी काम की है; तो फिर तुम वह बात मुझे बता ही क्यों रहे हो?

व्यक्ति को संत की इस बात से बड़ा धक्का लगा और उसे काफी शर्मिंदगी महसूस हुई।

> **फंडा** *यह है कि जब कोई भी व्यक्ति आपका कीमती वक्त जाया कर रहा हो, तो उसकी बात सुनने से पहले ये तीन बातें जरूर पूछें।*

□

जानवरों से सीखें टीम वर्क का पाठ

टीम वर्क यानी एकजुट होकर काम करने के बारे में सैकड़ों कहानियाँ लिखी गई हैं। इससे संबंधित पाठ भी आपको पढ़ने को मिले होंगे, लेकिन हाल ही में स्वामीभक्ति के लिए मशहूर जानवर कुत्ते की जो नई कहानी लोगों के सामने आई है, उसे मैनेजमेंट की किताबों में शामिल किए जाने का सबको इंतजार रहेगा। इनसान के सबसे वफादार साथी माने गए कुत्तों ने टीमवर्क की ऐसी मिसाल पेश की कि हर कोई दाँतों तले अंगुली दबाने को विवश हो गया। इन कुत्तों ने एकजुटता का प्रदर्शन करते हुए गुजरात के वलसाड जिले में एक तेंदुए की हालत ऐसी खराब की कि उसे आखिरकार जंगल में ही भागना पड़ा।

वलसाड जिले में एक अनाम सा गाँव है। यहाँ पर कुछ माह पहले दक्षिण अफ्रीका में क्रुगर नेशनल पार्क की संघर्ष की दास्तान को फिर से दोहराते देखा गया। नेशनल पार्क की घटना में जंगली भैंसों ने एक बछिया को भूख से किटकिटाते शेरों और संहारक घड़ियालों से बचाया था। कुछ इसी तरह की घटना वलसाड जिले के इस गाँव में पिछले शनिवार को देखने को मिली।

पास के जंगल से एक तेंदुआ भटककर गाँव में घुस आया था। सुबह के छह बजे होंगे, जब एक किसान के पालूत कुत्ते ने गाँव की गलियों में तेंदुए को महाराजा की भाँति घूमते देखा। सुबह की घोर शांति में अचानक उसने भोंकना शुरू कर दिया। इस आवाज से गाँव के दूसरे अलसाए कुत्ते भी सजग हो गए। वैसे तो रोटी के एक टुकड़े के लिए कुत्तों को एक-दूसरे से जूझते देखा जाता है, लेकिन नए हालात में इनमें गजब की एकजुटता देखी गई। आखिर हो भी क्यों न, उन्हें सामने एक ऐसा

शत्रु दिखा जो उनके और उनके स्वामी ग्रामीणों लिए खतरा था। पल भर में ही आधा दर्जन कुत्ते जुट गए और तेंदुए के पीछे पड़ गए। वे एक संगठित सेना की तरह एकजुट होकर उस पर आक्रमण की पैंतरेबाजी करने लगे।

तेंदुए को अपने ऊपर ऐसे सामूहिक हमले का कतई भान नहीं था, तभी तो वह अपनी जान की खैर न समझकर बचाव का रास्ता ढूँढ़ने लगा और इधर-उधर भागने लगा। अचानक मौका पाकर वह पेड़ पर चढ़ गया। पेड़ पर वह एक घंटे से अधिक समय तक रहा और नीचे कुत्ते मुस्तैदी से मोर्चा सँभाले हुए थे। बाद में ग्रामीणों को असली बात का पता चला तो उन्होंने वन विभाग के अधिकारियों को बुलाया। आखिरकार कुत्तों के चंगुल से बचाकर तेंदुए को जंगल की ओर भागने का रास्ता दिया गया।

फंडा *यह है कि एकता में बड़ी ताकत होती है और कुत्तों की एकजुटता के कारण तेंदुए को भी हार माननी पड़ी।*

□

ई-मेल : जो दिमाग की बत्ती जला दे

विगत छह माह से मेरे पास इस तरह का एक विचित्र ई-मेल बार-बार आ रहा है। शुरुआत में तो मैंने इसे यह समझते हुए नजरअंदाज करना बेहतर समझा कि कोई होगा फालतू समय का धनी इनसान, जो बेचारा इस तरह के ई-मेल भेजकर अपनी बोरियत से निजात पाने की कोशिश कर रहा होगा, लेकिन एक बार इसने जब फिर ताक-झाँक की तो मैंने इस मेल को पढ़ने का फैसला किया। इसमें क्या था? इसमें थे इतिहास के कुछ विचित्र तथ्य।

अमेरिकी इतिहास के बारे में इस तरह की जानकारी किसी इतिहास के अध्यापक ने भी हमें नहीं दी होगी—

- अब्राहम लिंकन को 1846 में कांग्रेस के लिए चुना गया था।
- जॉन एफ. केनेडी को 1946 में कांग्रेस के लिए चुना गया था।
- अब्राहम लिंकन को 1860 में राष्ट्रपति चुना गया।
- जॉन एफ. केनेडी को 1960 में राष्ट्रपति चुना गया।
- दोनों विशेष रूप से नागरिक अधिकारों के लिए चुने गए थे।
- दोनों की पत्नियों ने व्हाइट हाउस में रहते हुए एक बच्चा खोया था।
- दोनों राष्ट्रपतियों को शुक्रवार के दिन गोली मारी गई थी।
- दोनों राष्ट्रपतियों को सिर में गोली मारी गई थी।

अब यह सचमुच में बेहद निराला होता जा रहा है—

- लिंकन के सेक्रेटरी का उपनाम केनेडी था।
- केनेडी के सेक्रेटरी का उपनाम लिंकन था।

- दोनों की हत्या दक्षिणवर्ती अमेरिकियों द्वारा की गई थी।
- दोनों के उत्तराधिकारी दक्षिणवर्ती अमेरिकी थे और उनका उपनाम जॉनसन था।
- लिंकन के उत्तराधिकारी एंड्रू जॉनसन का जन्म 1808 में हुआ था।
- केनेडी के उत्तराधिकारी लिंडन जॉनसन का जन्म 1908 में हुआ था।
- लिंकन के हत्यारे जॉन विलकिस बूथ का जन्म 1839 में हुआ था।
- केनेडी के हत्यारे ली हार्वे ओसवाल्ड का जन्म 1939 में हुआ था।
- दोनों हत्यारे तीन नामों से जाने जाते थे।
- दोनों के नाम 15 अक्षरों से बने थे।

अब कृपया अपनी सीट पर चुस्ती से बैठने का कष्ट करें—

- लिंकन को गोली फोर्ड नामक थिएटर में मारी गई थी।
- केनेडी को फोर्ड द्वारा निर्मित लिंकन नामक कार में मारी गई थी।
- बूथ और ओसवाल्ड की हत्या मुकदमा शुरू होने से पहले कर दी गई।
- मारे जाने से एक सप्ताह पूर्व लिंकन मोनरोई मैरीलैंड में थे।
- मारे जाने से एक सप्ताह पूर्व केनेडी मैरीलैंड मोनरोई में थे।
- लिंकन को थिएटर में गोली मारकर हत्यारा एक मालगोदाम की ओर भागा था।
- केनेडी को मालगोदाम में गोली मारकर हत्यारा थिएटर की ओर भागा था।

> **फंडा** *यह है कि ई-मेल नामक इलेक्ट्रॉनिक पोस्ट बॉक्स आधुनिक ही नहीं, अनूठा भी है। यह सिर्फ जाने-पहचाने पत्र ही नहीं, ऐसे पत्र भी लाता है, जो हमारे दिमाग की बत्ती जलाते हैं और हमारे अंदर के अँधेरे गलियारों को रोशन भी कर सकते हैं।*

□

अपडेट रहें या मुँह बंद रखें

यह आधुनिक पंचतंत्र कथा है। एक बार की बात है, एक सॉफ्टवेयर इंजीनियर नदी के किनारे एक पेड़ के नीचे बैठकर अपनी पेंटियम मशीन पर प्रोग्राम तैयार करने में व्यस्त था। वह संडे मार्केट में इन प्रोग्राम्स को बेचकर अपने लिए रोटी की जुगाड़ करता था। एक दिन, जब वह प्रोग्राम बनाने में मशगूल था, तभी उसकी मशीन भरभराकर टेबल से नीचे नदी में जा गिरी।

उस सॉफ्टवेयर इंजीनियर ने बचपन में सुनी पंचतंत्र कथा (लकड़हारा और उसकी कुल्हाड़ी) से प्रेरित होकर नदी देव की तपस्या करनी शुरू कर दी। नदी देव उसकी महीने भर की कड़ी तपस्या से प्रसन्न होकर प्रकट हुए और सॉफ्टवेयर इंजीनियर से तपस्या की वजह पूछी। इंजीनियर ने उनको बताया कि नदी के गर्भ में उसका कंप्यूटर गिर गया है, अतः नदीदेव उसे लौटाने की कृपा करें।

नदीदेव ने उसकी ईमानदारी की परीक्षा लेने की ठानी और डुबकी लगाकर माचिस की डिब्बी जितनी बड़ी एक वस्तु निकालकर उसे दिखाते हुए पूछा—क्या यही तुम्हारा कंप्यूटर है? कंप्यूटर के बारे में नदीदेव की अज्ञानता से हताश सॉफ्टवेयर इंजीनियर बोला—नहीं। उन्होंने दोबारा डुबकी लगाई और एक पॉकेट साइज कैलकुलेटर जैसी वस्तु निकालकर दिखाते हुए बोले—यह तो अवश्य तम्हारा कंप्यूटर होगा? खीझकर वह सॉफ्टवेयर इंजीनियर बोला—नहीं, नहीं, बिलकुल नहीं। आखिरकार नदीदेव ने तीसरी बार डुबकी लगाई और इस बार उसकी पेंटियम मशीन के साथ प्रकट हुए और बोले—यही है।

सॉफ्टवेयर इंजीनियर बिना किसी लाग-लपेट के ठंडी आह भरते हुए बोला—हाँ।

नदीदेव इंजीनियर की ईमानदारी से काफी प्रसन्न हुए। उन्होंने वे तीनों वस्तुएँ इंजीनियर की ओर बढ़ा दीं, लेकिन वे तीनों वस्तुएँ लेने के पहले इंजीनियर ने कहा—क्या आप मुझे मेरा कंप्यूटर देने के पहले कुछ अच्छे कंप्यूटर नहीं दिखा सकते थे?

नदीदेव इंजीनियर के इस सवाल से क्रोधित होते हुए बोले, मुझे मालूम है बेवकूफ। पहले दिखाई गई दोनों वस्तुएँ ट्रिलेनियम और बिलेनियम हैं, जो कि आईबीएम के सबसे अत्याधुनिक कंप्यूटर हैं। इतना कहकर वे ऑरिजनल पेंटियम के साथ अदृश्य हो गए।

फंडा *यह है कि यदि आपको नवीनतम प्रौद्योगिकी की जानकारी नहीं हो, तो बेहतर है कि अपना मुँह बंद रखें, जिससे लोग आपको बुद्धिमान समझें, पर जैसे ही आप अपना मुँह खोलेंगे, आपकी सारी पोलपट्टी खुलकर असलियत सामने आ जाएगी।*

□

जोश और जुनून हो सर्वोच्च प्राथमिकता

हाल ही में फिल्म 'गजनी' के सेट पर मेरी मुलाकात आमिर खान से हुई। फिल्म का तमिल संस्करण देखने के बाद मैं इसकी स्क्रिप्ट की तरफ आकर्षित हुआ था और जानना चाहता था कि आखिर खान उसके प्रति कैसा रवैया अपनाते हैं। फिल्म में नायक का एक संवाद है, जो मुझे खासा प्रभावित कर गया। स्क्रिप्ट के मुताबिक नायक अपनी कंपनी के बोर्ड ऑफ डायरेक्टर्स और वरिष्ठ अधिकारियों से कहता है—मेरा काम ही मेरा जुनून है और तमाम लोग सोचते हैं कि मैं अति आत्मविश्वास का शिकार हूँ। ऐसा जो भी सोचते हैं, उनसे मैं एक बात ही कहना चाहता हूँ। मैं जब कहता हूँ कि मैं इसे कर सकता हूँ, तो यह मेरा आत्मविश्वास बोल रहा है। लेकिन जब मैं कहूँ कि इसे सिर्फ मैं ही कर सकता हूँ, तो यह मेरा अति आत्मविश्वास होगा। इस आधार पर मैं एक बार फिर स्पष्ट कर देना चाहता हूँ कि आत्मविश्वास और अति आत्मविश्वास के बीच की विभाजन रेखा बहुत ही बारीक होती है।

इसके कुछ दिनों बाद मैंने एपल के संस्थापक अध्यक्ष स्टीव जॉब्स के बारे में पढ़ा। स्टीव के मुताबिक कई वर्ष पहले वह यूनिवर्सिटी के छात्रों को संबोधित कर रहे थे और वहीं श्रोताओं में बैठी एक लड़की से उन्हें पहली ही नजर में प्यार हो गया। कार्यक्रम के बाद वह उस लड़की से मिले और लड़की ने उन्हें अपना नंबर दे दिया। स्टीव उस लड़की को डिनर पर ले जाना चाहते थे, लेकिन पहले से तय एक महत्त्वपूर्ण व्यावसायिक मीटिंग के कारण वे ऐसा नहीं कर सके। उन्होंने उस लड़की से फिर मिलने का वादा किया और अपनी कार की तरफ बढ़ गए। वह अपनी कार का दरवाजा खोल ही रहे थे कि अचानक मन में एक विचार आया कि

अगर यह मेरी जिंदगी की आखिरी रात होती तो मैं क्या करता? बस, उन्होंने कार का दरवाजा बंद कर वापस ऑडीटोरियम की ओर कदम बढ़ा दिए। वहाँ उन्होंने उस लड़की को खोजा और उसे डिनर पर ले गए। आज वह लड़की पिछले तीस वर्षों से उनके प्रति पत्नी धर्म निभा रही है। उस दिन के बाद से स्टीव ने नियम बना लिया था कि हर दिन को वह अपनी जिंदगी के आखिरी दिन की तरह लेंगे। तब से उन्होंने जो भी किया, उसे पूरे जुनून और जोश के साथ किया।

फंडा *यह है कि अगर आप कोई भी काम जोश और जुनून से करते हैं तो सफलता बहुत दूर नहीं रह जाती।*

□

सफलता टीम पर निर्भर है, लीडर पर नहीं

नेतृत्व कोई ऐसी योग्यता या क्षमता नहीं है, जो किसी कंपनी के शीर्ष पदस्थ व्यक्ति या अधिकारी के पास ही होती है या उसमें निहित होती है और पूरे कामकाजी जीवन भर उसकी टीम के बाकी लोग उसके निर्देशों का सिर्फ पालन भर करते हैं। एक कंपनी लीडर के बारे में यह कि वह कारोबार को आगे ले जाने के लिए अकेले संघर्ष करता है, इस तरह का मिथक गढ़ने के लिए कारोबारी दुनिया के लोग, फाइनेंसर, विश्लेषक और पीआर समेत हम सब दोषी हैं। सच्चाई यह है कि शीर्ष लीडर नहीं, बल्कि शीर्ष टीम बिजनेस को आगे बढ़ाने के लिए संघर्ष करती है या असली भूमिका उसकी होती है।

वाल मार्ट के मुख्य कार्यकारी ली स्कॉट कहते हैं—मैं कंपनी को नहीं चलाता हूँ। यदि सीईओ के रूप में मुझे हर सुबह उठना पड़े और लोगों को कहना पड़े कि उनके दिन का कार्यक्रम क्या है, तो इसका मतलब यह हुआ कि मैंने कंपनी में गलत लोगों को नियुक्त किया है। इंग्लैंड स्थित कंसल्टेंसी कंपनी काग्रोसिस द्वारा कराए गए एक सर्वे के अनुसार किसी प्रभावशाली रणनीति का निर्माण और उसका क्रियान्वयन इस बात पर निर्भर करता है कि कंपनी के वरिष्ठ एक्जीक्यूटिव यानी व्यवस्थापकों की टीम उसको पूरे संगठन के अंदर व्यावहारिक रूप में देने में कितने सफल होते हैं। इस बात पर नहीं कि लीडर क्या कहता है और उस पर कितना अमल होता है।

विभिन्न संस्थानों द्वारा कराए गए सर्वेक्षण में बार-बार यह बात सामने आई है कि किसी कंपनी को एक सफल और कारगर टीम तभी मिलती है, जबकि हर स्तर

पर उसका लीडर सुलझा हुआ और व्यावहारिक प्रकृति का हो। कई लीडरों के लिए एक शानदार टीम का निर्माण कॉरपोरेट जगत् में उनकी खुद की इमेज बनाने की छवि उसके द्वारा निर्मित टीम पर निर्भर करती है।

फंडा *यह है कि सफल बिजनेस के लिए एक ऐसी टीम का निर्माण करें, जो कि कंपनी का नेतृत्व करती हो।*

□

कर्मचारियों का उचित वर्गीकरण करें

इस साल के आरंभ में रिलायंस इंडस्ट्रीज एक बहुराष्ट्रीय कंपनी में अहम भूमिका निभानेवाले कुछ कर्मचारियों को अपनी ओर खींचने में सफल रही। दरअसल, उस बहुराष्ट्रीय कंपनी ने अपने सर्वोत्तम कर्मचारियों की पहचान करने और उन्हें सुरक्षित माहौल मुहैया कराने में सतर्कता का परिचय नहीं दिया। मौजूदा बाजार-युग में जब विभिन्न क्षेत्रों में नई व उभरती हुई कंपनियाँ दूसरे संगठनों के कुशल और प्रतिभाशाली कर्मचारयों को येन-केन-प्रकोरण भारी वेतन और पद का लालच देकर अपनी ओर लाने की रणनीति अपना रही हैं, ऐसे में कई जानी-मानी और स्थापित कंपनियों के लिए भी अपने बेहतरीन कर्मचारियों को बचाए और बनाए रखना टेढ़ी खीर साबित हो रहा है।

संयोग से इसी पृष्ठभूमि में मुझे एक पाठक का पत्र मिला, जिसमें उसने लिखा था कि किसी कंपनी में कर्मचारी अपने कामकाज के 'मूल्यांकन' के दौरान काफी हताश हो जाते हैं, क्योंकि 'उचित समय' पर उनके कौशल का सही ढंग से आकलन नहीं किया जाता। पाठक के अनुसार उसके अलावा कामकाज की एकरसता और ऑफिस का माहौल भी किसी कंपनी में कर्मचारियों के बने रहने या छोड़कर चले जाने की दो सबसे बड़ी और निर्णायक वजहें होती हैं। 'हार्वर्ड बिजनेस रिव्यू' ने अपने ताजातरीन अंक में लिखा है कि किसी भी संगठन में कर्मचारियों को तीन श्रेणियों में विभाजित करके रखना चाहिए—

(अ) ऐसे कर्मचारी, जिनके बिना कंपनी को चलाना मुमकिन नहीं।

(ब) ऐसे कर्मचारी, जिनकी जरूरत है और जिन्हें थोड़ी ट्रेनिंग के बाद उचित

जगह बिठाया जा सकता है।

(स) ऐसे कर्मचारी, जिनके छोड़कर चले जाने या अपदस्थ किए जाने की दशा में कंपनी की सेहत पर कोई असर नहीं पड़ता।

एक बार इस तरह का वर्गीकरण कर दिया जाता है, तो किसी भी नियोक्ता या प्रबंधक के लिए अपने कर्मचारियों के कामकाज का मूल्यांकन करना काफी सरल हो जाता है। हार्वर्ड यूनिवर्सिटी के एचआर प्रोफेशनल्स का मानना है कि इस तरह के त्रि-स्तरीय वर्गीकरण के जरिए एक मैनेजर को अपने अनिवार्य और शानदार प्रदर्शन करनेवाले कर्मचारियों को अपने साथ जोड़े रखने में मदद मिलती है। परफार्मेंस पूरे साल की बात होती है, न कि मात्र जनवरी-मार्च तक सीमित होती है।

फंडा *यह है कि शुरू में ही अपने कर्मचारियों का वर्गीकरण करें। इससे उनके मनोबल को ऊँचा रखा जा सकता है और कर्मचारियों को अपने साथ जोड़े रखने में सहायता मिलती है।*

□

नाच न जाने आँगन टेढ़ा

एक प्रसिद्ध नौका टीम (अ) नाम की थी। एक दूसरी अंतरराष्ट्रीय प्रसिद्ध टीम का नाम था—(ब)। दोनों ने एक सालाना नौका-दौड़ आयोजित करने पर रजामंदी जताई। हर टीम में 8 सदस्यों का होना तय किया गया। दोनों टीमों ने प्रतिस्पर्द्धा के लिए खूब मेहनत की। देखने में दोनों टीमें नौका-दौड़ जीतने की दावेदार दिख रही थीं, लेकिन इम्तहान के दिन आखिरकार (ब) टीग को जीत मिली। उसने प्रतिस्पर्द्धा पूरे एक मील के भारी अंतर से जीती।

हार से (अ) टीम में मातम का माहौल था। आखिरकार टीम प्रबंधन ने अगले साल प्रतिस्पर्द्धा हर हालत में जीतने का निश्चय किया। इसके लिए टीम के प्रदर्शन की समीक्षा और इसमें सुधार हेतु सुझाव के लिए विशेषज्ञ समिति का गठन किया गया।

कई विस्तृत अध्ययनों और समीक्षा रपटों के पश्चात् पाया गया कि प्रतिस्पर्द्धी टीम (ब) में सात नौका खेनेवाले थे और सिर्फ एक कप्तान था, लेकिन (अ) टीम में 7 कप्तान थे और सिर्फ एक खेनेवाला।

ऐसी नाजुक स्थिति में प्रबंधन ने (अ) टीम के पुनर्गठन के लिए एक कंसल्टिंग कंपनी की नियुक्ति की। कई महीनों तक काम करने के बाद कंसल्टिंग कंपनी इस नतीजे पर पहुँची कि (अ) टीम में कप्तान अधिक और खेनेवाले कम हैं। इसके आधार पर एक समाधान ढूँढ़ा गया। (अ) टीम के पुनर्गठन का फैसला किया गया। इसके अनुसार टीम में अब चार कप्तान होंगे और जिनका नेतृत्व 2 मैनेजर करेंगे—एक शीर्ष मैनेजर और एक खेनेवाला। इसके अलावा खेनेवाले के कामकाज के माहौल में बदलाव का सुझाव दिया गया।

लेकिन अगले साल की नौका-दौड़ में (ब) टीम ने दो मील के अंतर से जीत हासिल की। इस पर (अ) टीम के तत्काल प्रभाव से खेनेवाले को टीम से बाहर का रास्ता दिखा दिया, क्योंकि उसका प्रदर्शन संतोषजनक नहीं था, लेकिन तैयारी के दौरान जबरदस्त मनोबल दिखाने के लिए टीम के मैनेजमेंट को बोनस अवार्ड दिया गया।

कंसल्टिंग कंपनी ने एक बार फिर टीम के प्रदर्शन की समीक्षा की। इससे यह बात सामने आई कि रणनीति चकाचक थी। मनोबल बढ़ानेवाले उपाय भी ठीक-ठाक थे, लेकिन इसके लिए इस्तेमाल किए जानेवाले औजार में सुधार की जरूरत है। फिलहाल (अ) टीम के लिए नई नौकाओं की डिजाइन तैयार की जा रही है।

फंडा *यह है कि—नाच न जाने, आँगन टेढ़ा—दूसरे शब्दों में, अक्षम और अयोग्य लोग हमेशा दूसरों को उपदेश देते हैं। यही बात टीम पर लागू होती है। सुधार की गुंजाइश टीम के गठन, उसमें प्रतिभाशाली खिलाड़ियों और उनकी जरूरतों के आधार पर होनी चाहिए, न कि दूसरी चीजों के आधार पर। वरना कोई टीम कभी भी जीत हासिल नहीं कर सकती।*

□

कहानी एक परफैक्ट बॉस की

लगभग 70 वैज्ञानिक एक बेहद महत्त्वपूर्ण प्रोजेक्ट पर काम कर रहे थे। उस प्रोजेक्ट से जुड़े प्रत्येक व्यक्ति पर काम का अत्यधिक दबाव था। एक दिन एक वैज्ञानिक अपने बॉस के पास गया और बोला, 'सर, आज मैंने अपने बच्चों को शहर में चल रही प्रदर्शनी दिखाने का वादा किया है। अत: मैं आज शाम को 5.30 बजे घर जाना चाहता हूँ।' यह सुनकर बॉस ने जवाब दिया, 'ठीक है, आज आप जल्दी जा सकते हैं।' जल्दी जाने की छुट्टी एप्रूव होने के बाद वह काम में जुट गया। जैसा कि हमेशा होता आया था, वह काम में इस कदर मसरूफ हो गया कि उसे पूरा करने के अहसास में कुछ होश ही नहीं रहा। जब उसे लगा कि काम तो पूरा ही होनेवाला है, तो उसकी निगाह घड़ी पर गई। घड़ी देखते ही वह चौंक गया, क्योंकि उस वक्त रात के 8.30 बज रहे थे और उसे याद आया कि उसने आज बच्चों को कहीं ले जाने का वादा किया था।

उसने अपने बॉस के कैबिन की तरफ निगाह डाली, जो उसे वहाँ दिखाई नहीं दिए। चूँकि वह उन्हें सुबह ही सारी बात बता चुका था, अत: उसने काम समेटा और घर की ओर रवाना हो गया। गहरे सोच में डूबा वह अपने बच्चों के साथ हुई वादाखिलाफी के कारण अपराध-बोध से ग्रस्त था। वह घर पहुँचा तो उसने बच्चों को वहाँ नहीं पाया।

उसकी पत्नी हॉल में अकेली बैठी पत्रिका पढ़ रही थी। स्थिति विस्फोटक थी और उसके द्वारा छेड़ी गई कोई भी बात धमाके में तब्दील हो सकती थी। इतने में उसकी पत्नी ने उससे पूछा, 'क्या आप कॉफी लेना पंसद करेंगे या अगर भूख लगी हो तो मैं सीधे खाना ही लगा दूँ!' इस पर विज्ञानी ने जवाब दिया, 'अगर तुम

भी कॉफी पीने जा रही हो तो मैं भी पी लूँगा। (कुछ क्षण रुककर वह बोला) बच्चे कहाँ गए हैं?' पत्नी ने जवाब दिया, 'आप नहीं जानते? शाम को 5.15 पर आपका मैनेजर घर आया था और बच्चों को प्रदर्शनी दिखाने ले गया है।' जबकि हुआ कुछ यूँ था···बॉस ने उस वैज्ञानिक को शाम को जल्दी जाने की इजाजत दे दी और उसे तल्लीनता से काम करते देखते रहे। शाम 5 बजे भी जब उन्होंने उसे उतनी ही तल्लीनता से काम करते देखा तो सोचा कि यह व्यक्ति काम छोड़कर बीच में नहीं जा पाएगा। लेकिन अगर इसने अपने बच्चों से प्रदर्शनी दिखाने का वादा किया है तो वे क्यों इससे महरूम रहें! यह सोच बॉस ने स्वयं बच्चों को प्रदर्शनी दिखाने का इरादा कर लिया। हालाँकि हर बार बॉस ऐसा नहीं कर सकते हैं, लेकिन चूँकि एक बार ऐसा हो गया तो निष्ठा स्थापित हो गई। यही वजह है कि थुंबा के सभी वैज्ञानिक तमाम दबाव के बावजूद अपने उसी बॉस के नेतृत्व में खुशी-खुशी काम करते रहे। क्या आपको कोई अंदाजा है कि बॉस कौन थे? वह कोई और नहीं, बल्कि मिसाइलमैन, भारतीय परमाणु कार्यक्रम के जनक और पूर्व राष्ट्रपति डॉ. एपीजे अब्दुल कलाम थे।

> **फंडा** *यह है कि कभी-कभी बॉस को भी अपने अधीनस्थों को अचंभित करते रहना चाहिए।*

□

आगे बढ़ानेवालों को श्रेय अवश्य दें

दशहरे के पाँच दिन पहले रामू को काफी चोट लग गई, वजह अत्याधिक उत्साहित होना भी था। दरअसल, रामू पूरे गाँव से जुड़ी एक बात को लेकर बेहद खुश था, दशहरे के मौके पर रामलीला में रामू हनुमान का पात्र निभानेवाला था। इसके लिए उसने अपने पात्र को अच्छे से समझकर डायलॉग और एक्टिंग की भी अच्छी रिहर्सल की थी। अपनी खास उपलब्धि से रामू तो बहुत खुश था, लेकिन गाँव के दूसरे बच्चे उससे रश्क रख रहे थे। जबकि जिला स्कूल के हेडमास्टर यानी मास्टरजी का मानना था कि स्कूली बच्चों को ड्रामा सिखाने का यह अच्छा अवसर था।

अगर बच्चे अच्छा प्रदर्शन करते तो कलेक्टर उन्हें अपनी सिफारिश पर दिल्ली में फ्रांस से आनेवाले प्रतिनिधिमंडल के सामने नाटक का मौका देते। रामू के चोटग्रस्त होने के बाद चंद दिनों के अंदर हनुमान का रोल करनेवाले का टोटा पड़ गया। नाटक में वैसे भी हनुमान को पेड़ से कूदकर भगवान् राम के सामने हाजिर होना था, इसलिए बहुत तेजी से हनुमान की खोज शुरू हुई। मास्टरजी को भी यह अनुमान था कि रामू जितना कुशल हनुमान ढूँढ़ पाना आसान नहीं था। इसी बीच नाटक के लिए कपड़े सिलनेवाले अली ने अपने बेटे सलीम का नाम हनुमान के किरदार के लिए सुझाया। मास्टरजी सलीम को लेने को फौरन तैयार हो गए, लेकिन रामू अपनी जगह किसी ओर को देख पाना बरदाश्त नहीं कर पा रहा था। इस अंदाज को भाँपते हुए मास्टर ने रामू को सलीम को हनुमान का रोल सिखाने का काम दिया। वह भी यह कहते हुए कि तुम इसे अपने जितना ही कुशल हनुमान बनाओगे।

मास्टर की बात से झलकनेवाले आत्मविश्वास और याचना ने रामू को छू लिया। वह पहले की तरह खुद को खास समझने लगा और उसने तय कर लिया कि मास्टर की उम्मीद पर खरा उतरेगा। नतीजा यह हुआ कि पाँच दिनों के अंदर रामू ने सलीम को परफेक्ट कर दिया।

नाटक बेहद शानदार रहा और कलेक्टर ने बच्चों को शाबाशी देते हुए कहा कि अगले महीने यह ग्रुप दिल्ली जाएगा। यह खबर सुनकर सारे बच्चे बेहद खुश हुए, लेकिन रामू के चेहरे पर मायूसी छा गई। पेड़ के पीछे छुपकर अपने आँसू छुपाते हुए रामू के कानों में एक जानी-पहचानी आवाज आई। यह आवाज सलीम की थी, जो कलेक्टर से कह रहा था कि मेरे रोल का पूरा श्रेय एक ही व्यक्ति को जाता है, वह है ओरिजनल हनुमान, जिसने मुझे यह रोल सिखाया, यानी रामू। इसलिए दिल्ली जाने का मौका रामू को ही मिलना चाहिए, मैं स्टेज के पीछे रहकर किसी और तरह से टीम की मदद करूँगा। यह कहते हुए सलीम ने रामू को स्टेज पर बुलवा लिया। यहाँ पहुँचकर रामू अपने आँसू छुपा नहीं सका और रोते हुए ही उसने अपने नए दोस्त सलीम को गले लगा लिया।

> **फंडा** *यह है कि जिसने आपको आगे बढ़ाया हो, उसे श्रेय जरूर दें।*

□

किसी को कम न आँकें

अमित एक बहुराष्ट्रीय कंपनी में चपरासी था। एक दिन उसका विदेश में पढ़ा-लिखा भारतीय बॉस किसी से अर्नाल्ड स्वार्जनेगर के बारे में बात कर रहा था। उसी ओर से गुजरते हुए अमित ने उसे सुना। फिर मौका देखकर उसने अपने बॉस से कहा कि सर, अर्नाल्ड मेरा मित्र है।

इस पर अतिम के बॉस ने बड़ा ठहाका लगाया और कहा—तुम भला उनके मित्र कैसे हो सकते हो? तुम तो महज एक चपरासी हो, वह भी भारत में रहते हो। इस पर अमित ने कहा कि अगर आपको मेरी बात पर यकीन नहीं है, तो यह आपकी समस्या है। इसमें मैं आपकी कोई मदद नहीं कर सकता—धन्यवाद। इस पर अमित के बॉस ने उसके सामने एक प्रस्ताव रखा—'मैं अगले माह अमेरिका की यात्रा पर जा रहा हूँ, तुम मेरे साथ सहायक के रूप में चलो और वहाँ हम अर्नाल्ड के घर पर चलेंगे। देखते हैं क्या होता है।' अमित के चेहरे पर मुसकान बिखर गई, उसने प्रस्ताव को स्वीकार कर लिया। एक सप्ताह बाद दोनों अमेरिका पहुँचे। पहले वे न्यूयॉर्क गए, अर्नाल्ड का ठिकाना यहीं था। वे उनसे मिलने गए, अमित को देखते ही अर्नाल्ड बाँहें फैलाए उसकी ओर दौड़ पड़े और जी भरकर गले लगाया। पूछा, आखिर इतने लंबे समय तक कहाँ थे? फिर अर्नाल्ड और अमित ने साथ-साथ कॉफी ली।

अमित के बॉस को अपनी आँखों पर भरोसा नहीं हुआ। अमित के वापस आने पर बॉस ने पूछा, और कौन-कौन तुम्हारे दोस्त हैं। अमित ने कहा—आपको और किसके पास चलना है चलिए, आपको पता चल जाएगा। बॉस ने कहा, चलो अब हम क्लिंटन के यहाँ चलते हैं। क्लिंटन के घर पहुँचने पर वहाँ भी अमित का

पहले जैसा ही स्वागत हुए। बॉस गेट पर ही बैठा रहा और अमित के आने की प्रतीक्षा करता रहा। जब वापस आया तो बॉस के पास अब अमित के करिश्मे के लिए शब्द नहीं थे। उसने कहा, अमित हम वेटिकन चलकर पोप जॉन पाल से आशीर्वाद लेना चाहते हैं। अमित मुसकराया—ओके बॉस।

वेटिकन में दुनिया भर से लोग आए हुए थे और पोप के दर्शन के लिए बेताब थे। अमित और उसका बॉस भी था। बॉस को अब भी भरोसा नहीं था कि अमित को पोप जॉन पॉल जानते होंगे। उसने पूछा, अमित तुम्हें पोप जानते हैं न? इस पर अमित ने कहा, बॉस थोड़ा सा समय दें और यह कहते हुए वह भीड़ में लुप्त हो गया। करीब 15 मिनट के बाद अमित पोप जॉन पॉल के साथ बालकनी पर नजर आये। पोप अमित का हाथ अपने हाथ में लिए हुए थे। यह देखकर अमित का बॉस मूर्च्छित होकर गिर पड़ा।

जब अमित वापस अपने बॉस के पास आया तो बॉस स्ट्रेचर पर था—नर्सें और चिकित्सा दल उसकी देखभाल में लगा था। अमित ने पूछा, बाँस क्या हुआ? तो बॉस ने जवाब दिया कि तुम अर्नाल्ड को जानते हो, माना। तुम क्लिंटन के मित्र हो, माना। पोप जॉन पॉल के करीब हो, यह भी माना। लेकिन जब तुम बालकनी में पोप के साथ आए तो भीड़ पूछ रही थी कि अमित का हाथ कौन पकड़े हुए है—यह सुनते ही मैं मूर्च्छित हो गया।

फंडा *यह है कि आप समझ सकते हैं कि यह जोक के सिवा कुछ नहीं है। लेकिन इसमें एक बड़ा संदेश छुपा हुआ है। वह यह किसी की योग्यता और क्षमता को कम करके न आँकें।*

□

शीर्ष क्रम से आता है अनुशासन और अतिथि-सत्कार

इसी गुरुवार को ललित होटल श्रृंखला के मालिक ललित सूरी की पत्नी ज्योत्स्ना सूरी ने मुझे डिनर पर निमंत्रित किया। यह डिनर वास्तव में कश्मीरी लोगों के लिए था, जिसमें हिंदी फिल्म उद्योग से जुड़े कश्मीरी मूल के लोग भी आमंत्रित थे। सोने पर सुहागा के तौर पर फारुख अब्दुल्ला भी वहाँ उपस्थित थे। सच तो यह है कि उस भव्य डिनर में एकमात्र मैं ही गैर-कश्मीरी और नॉन सेलेब्रिटी था। चूँकि मैं पार्टी एनिमल नहीं हूँ, इसलिए मैं निमंत्रण-पत्र पर दिए गए नियत समय 8.30 बजे ही होटल पहुँच गया।

मुंबई के इंटरकांटीनेंटल—द ललित में मेरा सामना कई सुखद आश्चर्यों से हुआ। गौरतलब है कि होटल का उद्घोष वाक्य 'अनलिमिटेड हॉस्पिटेलिटी' है, जिसके दर्शन मुझे उस रात बारंबार हुए। सबसे पहले तो डिनर अपने नियत समय यानी ठीक 8.30 बजे शुरू हुआ। न सिर्फ मुख्य अतिथि फारुख अब्दुल्ला समय पर उपस्थित थे, बल्कि उसके बाद जो कुछ होने की अपेक्षा थी, वह बगैर किसी व्यवधान के एक-एक कर होता चला गया। उस आयोजन में एक मिनट भी बरबाद नहीं हुआ। पार्टी की कर्ता-धर्ता और सबके आकर्षण का केंद्र ज्योत्स्ना सूरी महज अपनी आँखों के इशारों से सारी व्यवस्था पर नजर रखे थीं। व्यवस्था पर नियंत्रण रखते हुए ही वह प्रत्येक मेहमान से स्वयं दुआ-सलाम भी कर रही थीं। चूँकि मेहमानों की संख्या सीमित थी, तो वे मेल-मुलाकात के दौरान यह कहना नहीं भूलतीं कि 'रात हमारी है, होटल हमारा है, अतः आराम से डिनर का लुत्फ लीजिए।'

कुछ समय बाद उनसे मिलने की मेरी बारी भी आई। मैं इससे पहले लगभग

डेढ़ दशक पूर्व दिल्ली में उनके ही होटल में उनसे और उनके पति से मिला था। खैर, होटल के मैनेजर ने मुझे उनसे औपचारिक तौर पर मिलवाया, तो उन्होंने नमस्कार की मुद्रा में मेरा स्वागत किया, जबकि मैं हाथ मिलाने के लिए उनकी तरफ अपना हाथ बढ़ा चुका था। उन्होंने यह भाँपकर मेरी तुलना में जबरदस्त तेजी दिखाई और तुरंत मुद्रा बदलते हुए मेरा हाथ थाम लिया। इसके बाद मेजबान के अलावा होटल की मालकिन और सीईओ होने के नाते उन्होंने मुझे भी अपना कुछ वक्त दिया। नमस्कार के बजाय हाथ मिलाने के उपक्रम में उनकी तेजी तब तक मुझे अभिभूत कर चुकी थी। उनका स्वागत करने का ढंग और मेल-मिलाप का तरीका मुझे होटल के उद्घोष वाक्य 'अनलिमिटेड हॉस्पिटेलिटी' की याद दिलाता रहा। लेकिन कहानी में मोड़ तो यहीं आया।

इस मेल-मिलाप के बीच डिनर भी साथ-साथ चल रहा था। उसी में एक मेहमान ने ड्रिंक की माँग कर दी। मेहमानों की देखभाल में लगे स्टाफ का एक सदस्य तेजी से उनकी तरफ आया और ऑर्डर लेकर ड्रिंक लेने चला गया। वह जब उनके द्वारा किए गए ऑर्डर के अनुरूप ड्रिंक लेकर पहुँचा तो वह सज्जन भड़कते हुए बोले, 'मैंने तो यह ड्रिंक ऑर्डर नहीं की थी।' यद्यपि मैं उनके उस ऑर्डर का चश्मदीद गवाह था। इसके बावजूद स्टाफ के उस कर्मचारी ने तुरंत ही माफी माँगते हुए उनसे नया ऑर्डर लिया और फुरती का प्रदर्शन करते हुए उन्हें वापस ड्रिंक पेश कर दिया। यह देख उस मेहमान की इज्जत मेरी नजरों से गिर गई, जबकि होटल के स्टाफ और उद्घोष वाक्य 'अनलिमिटेउ हॉस्पिटेलिटी' की इज्जत और बढ़ गई। मैं मन-ही-मन ज्योत्स्ना सूरी के समर्पण, अनुशासन और होटल के उद्घोष वाक्य पर हर स्थिति में और हर कीमत पर डटे रहने की प्रशंसा कर रहा था।

फंडा *यह है कि प्रत्येक अच्छी चीज की शुरुआत हमेशा शीर्ष से होती है।*

□

जिम्मेदार नेतृत्व हमेशा सराहा जाता है

विश्व बैंक ने जैसे ही सार्वजनिक किया कि उसने विप्रो संग सीधे कारोबार पर रोक लगा रखी है। उसके चंद घंटों बाद कंपनी के चेयरमैन अजीम प्रेमजी ने अपने एक लाख से अधिक कर्मचारियों को पत्र लिखकर आश्वस्त किया कि कंपनी ने कुछ भी अनैतिक नहीं किया है।

कंपनी के स्टाफ को अनियमित तरीके से लाभ पहुँचाने संबंधी विश्व बैंक के आरोपों को सिरे से नकारते हुए प्रेमजी ने पत्र में लिखा, 'मैं आप सभी को आश्वस्त करना चाहता हूँ कि विप्रो न सिर्फ कानून, बल्कि नैतिकता व सिद्धातों के लिहाज से भी सही थी, है और रहेगी। हमारा मानना है कि हमने जो भी किया, सही किया और उचित तौर-तरीकों से किया।' पत्र के माध्यम से अपने कर्मचारियों से आंतरिक संवाद करते हुए प्रेमजी कहते हैं, 'कंपनी ने अपने शेयरहोल्डर्स के साथ कामकाज के क्रम में शुरुआत से ही उच्च मानक और नैतिक मापदंड निर्धारित किए, जिन पर हमें गर्व है। हमने एक ऐसी सुदृढ़ कार्य संस्कृति रची है, जो अपनी कथनी और करनी में विभेद नहीं करती है। इस मामले में भी हमारा तौर-तरीका उससे अलग नहीं था।'

फंडा *यह है कि एक जिम्मेदार नेतृत्व कम समय में ही सफलता पानेवालों से कहीं बेहतर होता है। यहाँ सबसे सराहनीय बात यह है कि जैसे ही वैश्विक बाजार में कंपनी से जुड़ा मुद्दा उठा, विप्रो अध्यक्ष प्रेमजी ने त्वरित गति से कदम उठाए। उन्होंने पूरे*

प्रकरण पर कंपनी के कर्मचारियों से सीधे संवाद स्थापित किया और मामले पर वस्तुस्थिति स्पष्ट की। मकसद सिर्फ यही था कि कर्मचारियों के मन में कहीं कोई गलतफहमी या भ्रम न पनपने पाए। सच तो यह है कि उनके पत्र ने कर्मचारियों को राहत की साँस तो दी ही, साथ ही उनके उत्साह और मनोबल को भी बनाए रखा। विश्व बैंक से जुड़ा मामला होने के कारण अगले दिन वह प्रकरण सुर्खियों में था, लेकिन कर्मचारियों का विश्वास और मनोबल उससे रत्ती भर भी प्रभावित नहीं हुआ।

□

संकट में संवाद की महत्ता को समझें

कुछ दिनों पहले ही मैंने इस कॉलम में लिखा था कि जब विश्व बैंक ने विप्रो कंपनी पर अवैध तरीके से काम करने का आरोप लगाया तो किस तरह इस कंपनी के मुखिया अजीम प्रेमजी ने अपने कर्मचारियों से ई-मेल के जरिए संवाद स्थापित किया। शीर्ष स्तर से भेजे गए इस संदेश ने सभी अफवाहों को शांत कर दिया। बहरहाल, बेहतर संवाद की महत्ता को साबित करने के लिए यहाँ एक और मिसाल पेश है।

वर्ष 1990 में ए. रामजी सेंट्रल रेलवे, मुंबई में बतौर विभागीय रेलवे प्रबंधक (डीआरएम) पदस्थ थे। अमूमन मुंबई के रेलवे स्टेशनों पर शाम चार बजे से लेकर रात दस बजे तक काफी भीड़भाड़ रहती है; चूँकि इस दौरान तकरीबन 55 लाख लोग लोकल ट्रेनों के जरिए घर वापस लौटते हैं। एक रोज रात में अचानक बिजली गुल हो गई और इस समूचे महानगर में अँधेरा छा गया। बिजली के जल्द आने के कोई आसार नहीं थे। पाँच घंटे तक ट्रेनों की आवाजाही बंद थी और पूरे शहर में अफरा-तफरी का माहौल था। लोग भूखे थे और उन्हें खाने के लिए वड़ा पाव तक नहीं मिल रहा था, जबकि वे इसके लिए खासे पैसे चुकाने के लिए तैयार थे। ऐसे में रामजी ने मोर्चा सँभाला। वे रेलवे के उद्घोषणा कक्ष में गए और माइक हाथ में लेते हुए लोगों को यह बताना आरंभ कर दिया कि उन्हें किस जगह खाना मिल सकता है, वहाँ से कम-से-कम कितनी दूरी पर आवागमन का दूसरा जरिया मिल सकता है, रेलवे की कैंटीन उन्हें किस तरह का भोजन उपलब्ध करा सकती है, शहर में बिजली किस वजह से चली गई है और विद्युत्-व्यवस्था के बहाल होने में कितना समय लगेगा। इस दौरान उन्होंने तकरीबन हर उस सवाल का जवाब

दिया, जो इस अफरा-तफरी के माहौल में फँसे लोगों के दिमाग में उठ सकते हैं। हालाँकि शहर में मध्य रात्रि के तीन घंटे बाद ही हालात सामान्य हो सके, लेकिन इस दौरान रामजी की अनवरत उद्घोषणाओं के चलते अफवाहों की कोई गुंजाइश नहीं बनी और लोगों को परिस्थितियों की गंभीरता समझने में मदद मिली।

फंडा *यह है कि हम कैसी भी त्रासदी में हों, दवाब को कम करने का सबसे आसान तरीका बेहतर ढंग से संवाद स्थापित करना ही है। अगर यह संवाद शीर्ष स्तर से हो तो बेहतर है।*

□

बॉस से उचित दूरी बनाए रखें

सिर्फ हाथ हिलाने और सहमति के अंदाज में सिर हिलाने का खामियाजा अमेरिकी फायरफाइटर जॉन कोलमैन को निलंबन के रूप में भुगतना पड़ा। जॉन की गलती सिर्फ इतनी थी कि उसने पिछले सप्ताह बराक ओबामा के हाथ हिलाने की प्रतिक्रिया-स्वरूप स्वयं हाथ हिला दिया था। हुआ यूँ था कि अमेरिका के 44वें राष्ट्रपति के शपथ ग्रहण समारोह के दौरान चल रही उद्घाटन परेड में ओबामा ने बैंड के सदस्यों की तरफ देखते हुए हाथ हिलाया था। जॉन ने इसका जवाब सहमति के अंदाज में सिर और हाथ हिलाकर दिया। बस, जॉन की यह हरकत उसके वरिष्ठों को नागवार गुजरी। नतीजतन, उसे छह माह के लिए निलंबित कर दिया गया।

इस प्रकरण पर क्लीवलैंड फायर फाइटर्स मेमोरियल पाइप्स ऐंड ड्रम्स के सदस्य जॉन कोलमैन का कहना था, 'राष्ट्रपति ने हाथ हिलाया और जवाब में मैंने भी हाथ हिलाते हुए सिर हिलाया था।' बैंड के प्रमुख मेजर माइक इंग्ले का इस पर कहना था, 'हम बैंड के सदस्यों से तमाम अवसरों पर कहते आए हैं कि यह मिलेटरी परेड है। अत: प्रोटोकॉल और मान-मर्यादा का ध्यान हमेशा रखना जरूरी है।' दुर्भाग्य से जॉन ने इसे नजरअंदाज किया और उसे निलंबन की सजा भुगतनी पड़ी। यह मानवीय स्वभाव है कि बॉस के साथ काम करते हुए अधिकांश अवसरों पर लोग उनसे नजदीकी बढ़ाने का उपक्रम करते हैं। आप जैसे-जैसे उनके नजदीक होते जाते हैं, उनकी अनजानी प्रतिक्रियाओं के भी गलत अर्थ निकालने लगते हैं। इस फेर में कर्मचारी अकसर अपने बॉस को हलके में ले लेते हैं।

फंडा *यह है कि आपका बॉस परस्पर बातचीत और आचार-व्यवहार में भले ही कितना अनौपचारिक क्यों न हो जाए, जरूरी है कि आप उनसे यथोचित दूरी बनाए रखें। सच तो यह है कि अगर आप अपने वरिष्ठों के साथ एक सुरक्षित दूरी बनाए रखते हैं, तो आप कभी भी उनके नजले का शिकार नहीं होंगे।*

□

विरोधी को भी साथ लेकर चलें

आप दो तरह से विरोधियों को वश में कर सकते हैं। पहला, उनके साथ सख्ती से पेश आकर। दूसरा सौम्य तरीका है, उन्हें विश्वास में लेकर परस्पर बातचीत करें, ताकि अंततः वह आपकी बातों से सहमत हो जाएँ। इससे मुझे अब्राहम लिंकन की याद आती है, जो कहते थे कि अपने शत्रु को पराजित करने का सबसे अच्छा तरीका है कि उसे दोस्त बना लो। ठीक ऐसा ही किया राजस्थान के मुख्यमंत्री अशोक गहलोत ने।

कुछ दिनों पूर्व वे राज्य के जिलाधिकारियों की बैठक ले रहे थे। इस बैठक में उन्होंने विभिन्न लक्ष्यों से जुड़े कड़वे सवाल-जवाब में उलझने के बजाय उनसे प्रदर्शन और कार्यप्रणाली में सुधार के लिए सुझाव माँग लिये। ऊँची नाकवाली नौकरशाही और राजनीतिज्ञों के बीच अब शायद ही इस तरह का अपनापा बचा हो। उसे देखते हुए राज्य के मुखिया के रवैये में यह बदलाव जिलाधिकारियों के लिए सुखद अनुभूति बनकर आया। जाहिर है, विचारों के आदान-प्रदान के बीच मुख्यमंत्री ने उनसे कह ही दिया कि राज्य के आम नागरिकों के लिए वह ही सरकार का चेहरा हैं, अतः उनके विभाग की कार्यप्रणाली में किसी किस्म की खोट नहीं होनी चाहिए। इन सकारात्मक शब्दों को सुनकर जिलाधिकारियों ने स्वतः ही उनसे कहा कि सप्ताह में पाँच दिन के बजाय छह दिन का कामकाज होना चाहिए। इसके अलावा उन्होंने निर्धारित समय पर ही शराब की दुकानों को बंद कराने जैसे अन्य मसलों पर भी विस्तृत चर्चा की।

इस घटना ने मेरी पुरानी यादों को ताजा कर दिया। यह बात उन दिनों की है, जब मैं निकोलस पीरामल समूह के अध्यक्ष अजय पीरामल के लिए एक किताब लिख रहा था। अस्सी के दशक में पीरामल समूह ने रोशे फार्मास्यूटिकल्स को खरीदा था। रोशे का भूतपूर्व कर्मचारी और इन-हाउस कम्यूनिकेशन का इंचार्ज होने

के नाते मेरा भी उनसे परिचय कराया गया। वह चाहते थे कि मैं कंपनी के प्रबंधन के शीर्ष से लेकर निचले क्रम पर बैठे कर्मचारियों की नैतिक शुचिता पर किताब लिखूँ। जाहिर सी बात है कि लोगों को यह विचार रास नहीं आया। इसकी एक प्रमुख वजह तो यही थी कि मैं एक बाहरी व्यक्ति का। इस लिहाज से मैं किस हैसियत से उन कर्मचारियों के बाबत सलाह दे सकता था। चूँकि मैं सीधे अजय पीरामल को रिपोर्ट कर रहा था, तो शीर्ष प्रबंधन से जुड़े अधिकारियों ने मेरी आलोचना तो कम कर दी। इसके बावजूद मैं उनकी निहित भावनाओं को समझ सकता था। यही बात जब मैंने एक प्राइवेट डिनर में अजय पीरामल से कही तो उन्होंने मुझसे कहा, 'रघु, मैं शीर्ष प्रबंधन से जुड़े अधिकारियों की एक मीटिंग बुलाकर तुम्हारा सबसे परिचय कराता हूँ। तुम उनसे कहना कि यह किताब मैंने तुमसे लिखने को कहा है, लेकिन तुम उनके कीमती सुझावों के बगैर यह किताब नहीं लिख सकते हो। तुम अपनी किताब का खाका उनके बीच वितरित कर सकते हो और उस पर उनसे राय माँग सकते हो। इस तरह या तो वे अपनी राय जाहिर करेंगे या उस किताब को बगैर किसी आलोचना के स्वीकार करेंगे। इस तरह तुम उनके विचार जान सकोगे और अपनी बात भी उन तक पहुँचा सकोगे।' उनके ये शब्द आज भी मेरे कानों में गूँजते हैं। उन्होंने अस्सी के दशक में जो मुझसे करने को कहा था, वही अशोक गहलोत ने किया। यही नहीं, वह अपेक्षित परिणाम हासिल करने में सफल भी रहे।

> **फंडा** *यह है कि दोस्त और दुश्मन के बीच परस्पर संवादहीनता समस्या बढ़ाने का काम करती है। सफलता के लिए सुगम और सरल तरीके से बढ़ने के लिए जरूरी है कि अपने विरोधियों को भी अपने साथ कर लो।*

□

कामकाज में सुधार लाते रहें

दिल्ली में एक टैक्सी में सफर करते हुए मन में कुछ स्वाभाविक प्रश्न उपजे। पहला यही था कि आखिर यात्रियों की सुविधा के लिए टैक्सी में पानी या शीतल पेय की व्यवस्था क्यों नहीं होती? मेरे इस प्रश्न ने न सिर्फ टैक्सी ड्राइवर को उत्तेजित कर दिया, बल्कि वह व्यंग्यात्मक लहजे में बोल उठा, 'फिर यात्री होटल की सुविधा भी माँगने लगेंगे।' ड्राइवर की इस टिप्पणी ने जेहन में बिहार के 25 वर्षीय युवा इरफान आलम का किस्सा ताजा कर दिया। मैंने कहीं पढ़ा है कि इरफान 'सम्मान फाउंडेशन' के संस्थापक और प्रवर्तक हैं।

किस्सा 1999 का है, उन दिनों जबरदस्त गरमी पड़ रही थी। इरफान ने कॉलेज से घर जाने के लिए एक रिक्शा किराए पर लिया। रिक्शे में बैठने के बाद उन्होंने रिक्शा चालक से पीने के लिए पानी माँगा। इस पर चालक ने इनकार में सिर हिलाते हुए कहा कि पानी रखना बहुत महँगा सौदा साबित होगा। चालक की बात सुनकर आलम के जेहन में व्यापार के लिहाज से एक घंटी सी बजी। उन्हें लगा कि अगर रिक्शा चालक पानी और जूस भी बेचने लगें तो इससे उनकी आमदनी भी बढ़ेगी, दूसरी तरफ इन उत्पादों से जुड़े सप्लायर को भी लाभ पहुँचेगा। इसके बाद उन्होंने डिस्ट्रीब्यूटर्स से इस बाबत एक समझौता किया। इसके तहत वह ढाई रुपए के मार्जिन पर मिनरल वॉटर देने को तैयार हो गया। अब आलम ने दो रिक्शा चालकों को तैयार किया कि अगर वह एक बोतल पानी बेचते हैं तो उन्हें एक रुपए बतौर कमीशन मिलेगा। वह बताते हैं, 'वे रिक्शा चालक तीन बोतल रोजाना की दर से महीने भर पानी बेचते रहे।'

तीन वर्ष के भीतर ही आलम दो हजार रिक्शा चालकों से यही समझौता कर

चुके थे। इस क्षेत्र की गहराई से छानबीन करने पर आलम को जो तथ्य पता लगे, वह उनके लिए बेशकीमती थे। देश भर के लगभग एक करोड़ रिक्शा चालकों में से नब्बे फीसदी अपना रिक्शा किराए पर लेते हैं। इन चालकों की तरह ही रिक्शा निर्माता भी असंगठित हैं। इन बातों ने आलम के भविष्य के व्यापार की नींव रखने का काम किया।

उनके आत्मविश्वास में और उछाल अगस्त 2006 में आया, जब आलम ने एक टीवी रियलिटी शो जीता। हालाँकि उन्होंने विजेता को मिलनेवाली 50 लाख रुपए की धनराशि लेने से इनकार कर दिया। वह इसका कारण बताते हैं, 'प्रायोजक मेरी कंपनी में हिस्सेदारी चाहते थे, जो मुझे किसी भी सूरत में स्वीकार नहीं था।' उसी वर्ष के पूर्वार्द्ध में आलम को प्रिया गोल्ड बिस्कुट की ओर से 15 लाख रुपए का विज्ञापन प्रस्ताव मिला। इसके तहत उन्हें बिहार में 200 रिक्शों के जरिए संबंधित उत्पाद का प्रचार करना था। हालाँकि उनके पास इस प्रस्ताव में निवेश के लिए धन नहीं था, क्योंकि उन्होंने अपने परिवार से लिये 10 लाख रुपए का ऋण भी खर्च कर दिया था। यहाँ भी संबंध बनाने की दक्षता आलम के बेहद काम आई। देना बैंक के बोर्ड में एक आईआईएम के प्रोफेसर भी थे। आलम ने उनकी मदद से बैंक के निदेशक मंडल के समक्ष एक प्रजेंटेशन प्रस्तुत किया। वह कहते हैं—'उसे देखने के बाद बैंक से बगैर किसी जमानत के 25 लाख रुपए का ऋण मिल गया।' इसके बाद आलम ने अपनी टीम जुटानी शुरू की और उनके दोस्त भी बिहार में काम देखने के लिए राजी हो गए।

इसके बाद सिर्फ डेढ़ वर्षों में उनकी क्लाइंट संख्या 12 तक पहुँच गई, जिनमें पंजाब नेशनल बैंक, आइडिया, एयरटेल सरीखे नाम शामिल हैं। फिलहाल उनकी कंपनी बिहार और उत्तर प्रदेश में काम देख रही है। उनका इरादा इस वर्ष के अंत तक दिल्ली में कामकाज शुरू करने का है। इस काम में उनके समक्ष सबसे बड़ी चुनौती रिक्शा चालकों को प्रशिक्षण देने की आई। वह अकसर अशोभनीय व्यवहार करते थे और ब्रांडेड टी-शर्ट पहनने से इनकार कर देते थे। इससे आलम के क्लाइंट्स का नाराज होना लाजिमी था। आलम ने इस समस्या से निपटने में रिक्शा चालकों की पत्नियों की मदद ली।

> **फंडा** *यह है कि समय के साथ व्यापार के तरीके को अपग्रेड करते रहना चाहिए, अन्यथा हम जीवन भर छोटे-मोटे काम ही करते रहेंगे।*

□

उत्कृष्टता महसूस की जाती है

एक जर्मन व्यक्ति निर्माणाधीन मंदिर देखने गया, जहाँ एक मूर्तिकार भगवान् की मूर्ति गढ़ रहा था। अचानक उनकी निगाह नजदीक ही पड़ी मूर्ति पर गई। उसे देख अचंभित जर्मन नागरिक ने मूर्तिकार से प्रश्न किया, 'क्या आपको भगवान् की दो मूर्तियाँ चाहिए?' मूर्तिकार ने बगैर नजर उठाए जवाब दिया, 'नहीं।' कुछ क्षण रुककर मूर्तिकार फिर बोला, 'हमें चाहिए तो सिर्फ एक मूर्ति ही, लेकिन पहली प्रतिमा निर्माण के अंतिम चरण में खंडित हो गई।' यह जवाब सुनकर जर्मन नागरिक नीचे पड़ी मूर्ति को ध्यान से देखने लगा। उसे उस मूर्ति में एक भी खोट नजर नहीं आया। उत्सुकतावश वह एक बार फिर मूर्तिकार से मुखातिब हुआ। उसने पूछा, 'मूर्ति में खोट कहाँ है?' इस पर शांत चित्त से काम कर रहे मूर्तिकार ने अपना काम जारी रखते हुए जवाब दिया, 'मूर्ति की नाक पर एक जरा सी खरोंच आ गई है।' उसके जवाब से अंचभित जर्मन नागरिक ने फिर पूछा, 'यह मूर्ति लगाई कहाँ जाएगी?'

मूर्तिकार ने जवाब दिया कि यह मूर्ति बीस फीट ऊँचे खंभे पर स्थापित की जाएगी। जवाब से सकपकाए जर्मन नागरिक ने फिर उससे पूछा, 'अगर इतनी ऊँचाई पर मूर्ति लगाई जानी है तो नीचे से किसे पता चलेगा कि नाक पर एक खरोंच है?' यह सुनकर मूर्तिकार ने काम बंद कर दिया और उसकी तरफ देखा। फिर हँसते हुए बोला, 'मुझे तो मालूम है कि नाक पर खरोंच है।' अपने काम में उत्कृष्ट होने ही इच्छा इस बात की कतई मोहताज नहीं होती कि प्रोत्साहन मिल रहा है या नहीं। उत्कृष्टता का भाव भीतर से आता है, न कि बाहर से।

फंडा *यह है कि उत्कृष्टता किसी दूसरे के ध्यान देने और फिर उससे सराहना हासिल करने की चीज नहीं होती। यह तो वास्तव में अपनी संतुष्टि और दक्षता के लिए होती है।*

□

मंदी के इस दौर में वैकल्पिक दक्षता जरूरी

सुबह ऑफिस पहुँचने पर अपनी ई-मेल खोलने से पहले दुबई के एक्जीक्यूटिव काफी व्यथित रहते हैं। काफी हिम्मत जुटाकर ही वे उन्हें पढ़ना शुरू करते हैं और उनकी यह उद्विग्नता आखिरी मेल तक बरकरार रहती है। उन्हें यही भय सताता रहता है कि कहीं किसी ई-मेल में यह संदेश न लिखा हो, 'अपने एचआर विभाग से संपर्क कीजिए, हमें आपकी सेवाओं की अब कोई जरूरत नहीं है।'

अपने सैकड़ों दोस्तों के बीच कुछ ऐसा ही नजारा मैंने अपनी पंद्रह दिवसीय दुबई यात्रा के दौरान देखा। मैं वहाँ कार्यरत भारतीय मूल के 30 लाख से अधिक कर्मचारियों की स्थिति का जायजा लेने के लिए गया था। सर्वाधिक प्रभाव विनिर्माण क्षेत्र से जुड़े मजदूरों पर पड़ा है, क्योंकि खाड़ी क्षेत्र में निर्माण कार्य लगभग ठप सा पड़ गया है। इस क्षेत्र से जुड़े जिन लोगों से वापस अपने देश जाने को नहीं कहा गया है, उन्हें पूरा वेतन नहीं मिल रहा है। नतीजतन उन्हें आमदनी के लिए अन्य विकल्पों पर गौर करना पड़ रहा है। बैंक ऋण नहीं दे रहे हैं, क्रेडिट कार्ड के खर्चों पर बारीकी से निगाह रखी जा रही है। अगर कोई क्रेडिट कार्ड से जमकर खरीदारी करता है तो बैंक तुरंत प्रभाव से उस पर रोक लगवा देते हैं। साथ ही भविष्य के लिए भी वह कार्ड इस्तेमाल के लायक नहीं रह जाता है।

खाड़ी देशों में आई इस मंदी का प्रभाव देश के कुछ राज्यों में सामाजिक-आर्थिक संकट के रूप में सामने आ रहा है, खासकर केरल और आंध्र प्रदेश में। एक अनुमान के तहत सिर्फ केरल के ही लगभग पाँच लाख लोग इस वर्ष अपने रोजगार से हाथ धो बैठेंगे। इनमें से अधिकांश कुछ और करने की स्थिति में नहीं हैं। कारण,

उन्होंने कभी किसी और कार्य या व्यवसाय में हाथ ही नहीं आजमाया है।

रोजगार से हाथ धोनेवाले सूरत के हीरा कारीगर उत्तर प्रदेश के कुछ हिस्सों में अपने मूल वेतन के छठे हिस्से पर मजदूरी करने को विवश हैं।

इस संदर्भ में मैं एक ऐसे हीरा कारीगर को जानता हूँ, जो महँगी घड़ियों में हीरे जड़ने का काम करता रहा है। उसने घड़ियों की मरम्मत का काम तीन वर्ष पहले सीखा था और अपने रोजगार से हाथ धोने के बाद वह सूरत में घड़ियों की मरम्मत का काम अच्छे से कर रहा है। वह ऐसा इसलिए कर पाया, क्योंकि उसके पास एक और हुनर भी था।

फंडा *यह है कि दो-तीन या विविध कामों में दक्षता संकट के समय खासी काम आती है। इसकी महत्ता आर्थिक मंदी के दौर में आसानी से समझी जा सकती है।*

□

कर्मचारियों में असुरक्षा न पनपने दें

तीन दिन पहले जैट एयरवेज की एयरहोस्टेस अनुपमा आचार्य ने पवई, मुंबई में अपने बॉयफ्रेंड के छठे माले स्थित घर से छलाँग लगाकर आत्महत्या कर ली। इस घटना से एक दिन पहले अनुपमा ने अपनी मुंबई-गोवा फ्ऱ.इट मिस कर दी थी और आकस्मिक अवकाश लेकर घर वापस आ गई थी। बताया जा ॥ है कि इससे पूर्व उससे स्पष्ट कहा गया था कि यह फ्लाइट महत्त्वपूर्ण है और वह इसे मिस नहीं कर सकती है। मामले की जाँच कर रही पुलिस को लगता है कि इस संदर्भ में अनुपमा अपने वरिष्ठ अधिकारियों को विस्तृत जानकारी देने से डर रही थी। उसे न सिर्फ यह भय सता रहा था कि कंपनी उसके अभिभावकों से शिकायत करेगी, बल्कि यह चिंता भी खाए जा रही थी कि फ्लाइट से उसकी 'अनधिकृत अनुपस्थिति' को लेकर जाँच भी शुरू की जा सकती है। इसके बाद सिगरेट पीने को लेकर अपने बॉयफ्रेंड से हुए एक छोटे से झगड़े ने उसे आत्महत्या रूपी घातक कदम उठाने पर मजबूर कर दिया।

इसे देख कह सकते हैं कि एक बड़ी संस्था में जब आप कर्मचारियों का चयन करें, तो युवा कर्मचारियों के लिए एक मेंटर भी नियुक्त करें। संस्था के भीतर मेंटर को कुछ वाजिब अधिकार भी होने चाहिए, जिनके सहारे वह युवा कर्मचारियों का पक्ष रख सके। यह संस्था और कर्मचारी दोनों ही के हित में होगा। एक तरफ नियोक्ता उस मेंटर पर भरोसा कर सकेंगे, वहीं युवा कर्मचारी बाहर जाकर कुछ ऐसा नहीं करेंगे, जो अंततः संस्थान के लिए शर्मिंदगी का कारण बने। बात 2002 की है, भोपाल के 'दैनिक भास्कर' कार्यालय में कर्मचारियों की मीटिंग थी। मीटिंग को

संस्थान के चेयरमैन श्री रमेशचंद्र अग्रवाल ने भी संबोधित किया। दस मिनट के संक्षिप्त उद्‍गार में उनकी कही एक महत्त्वपूर्ण बात मुझे भीतर तक छू गई। उनका वह वाक्य था—'आप सभी दैनिक भास्कर परिवार के सदस्य हैं। अगर आप ऑफिस के बाहर कुछ ऐसा करते हैं, जो सामाजिक स्तर पर स्वीकार्य न हो, तो लोग यही कहेंगे, 'देखो, भास्कर के इस कर्मचारी को देखो!' अत: हमें यही प्रयास करना चाहिए कि संस्थान और परिवार के नाम या साख पर बट्टा न लगे।'

फंडा *यह है कि यदि हम अपनी संस्था में शामिल होनेवाले युवा कर्मचारियों के लिए एक मेंटर रखते हैं तो उनके जहन में असुरक्षा का भाव कम पनपेगा। साथ ही यह कर्मचारी और संस्थान दोनों के लिए फायदेमंद ही होगा। फिलवक्त तो इसकी और भी दरकार है, क्योंकि जब वैश्विक स्तर पर मंदी के कारण रोजगार खत्म हो रहे हैं, तो मेंटर की भूमिका स्वतः बढ़ जाती है।*

□

अपने कर्मचारियों को जानें

क्रेडिट कार्ड कंपनियाँ, बैंक और टेलीफोन कंपनियाँ कर्मचारियों को उसकी मूल कंपनी से बेहतर जानती हैं। उन्हें पता है कि कौन किस पद पर है, उसका वेतन कितना है, किस तरह धन खर्च करता है आदि-आदि। अपनी इसी जानकारी के आधार पर वह शहर में चल रही विभिन्न सेल और नए खुलनेवाले शोरूमों की जानकारी उन्हें भेजा करती हैं।

अब प्रश्न उठता है कि आखिर एक कंपनी अपने कर्मचारियों को कितना जानती है। अगर एक फौरी सर्वेक्षण करा लिया जाए तो उसके परिणाम अचंभित करनेवाले होंगे। कंपनी का मानव संसाधन विभाग बमुश्किल 25 फीसदी कर्मचारियों के बारे में गहराई से जानता होगा।

हमें शायद ही पता चलता है कि किसी कर्मचारी के अभिभावक विकलांग हैं। इसी कारण वह विकलांगों की मदद को आतुर रहता है। हमें नहीं मालूम होता कि किसी कर्मचारी के घर का कोई सदस्य नेत्रहीन है, जिस कारण वह नेशनल एसोसिएशन फॉर ब्लाइंड को दान देता है। हमें यह भी नहीं मालूम होता कि फलाँ कर्मचारी के पारिवारिक सदस्य को कैंसर ने असमय ही छीन लिया। इससे दुखी वह व्यक्ति सप्ताह के अंत में कैंसर रोगियों की सेवा करने जाता है। इसके विपरीत, हम अगर उनके परिवार के बारे में थोड़ा-बहुत जानते हैं तो वह भी इसलिए, क्योंकि उनके मेडिकल बिल पिछले दिनों कंपनी ने पास किए हैं।

ऐसे में अगर हम साल में सिर्फ एक बार एक घंटा प्रत्येक कर्मचारी के साथ बिताएँ। उसके बारे में जानकारी लें कि उसके शौक क्या हैं, ऑफिस के बाद वह क्या करता है, तो इस तरह जो जानकारियाँ एकत्र होंगी, उनका इस्तेमाल कंपनी के

हित में किया जा सकेगा। अगर कंपनी किसी सामाजिक सरोकार से जुड़ने जा रही है, तो उस क्षेत्र में दिलचस्पी रखनेवाला व्यक्ति उसके प्रति पूरी शिद्दत से काम करेगा।

फंडा *यह है कि यदि आपको पता है कि आपके कर्मचारी का जुनून क्या है, तो आप उसका कंपनी के जनहित कार्यों में भी बखूबी इस्तेमाल कर सकते हैं।*

□

भारतीय श्रम का बहुआयामी चेहरा

पिछले दिनों मैंने अपने कार्यालयीन सहयोगियों संजय चव्हाण और सुधाकर महादिक को 18 अलग-अलग काम सौंपे। उनमें कुछ कागजों की फोटोकॉपी कराना, रास्ते में पड़नेवाले बैंक जाकर वहाँ कुछ लेन-देन के अलावा कंपनी के लिए एक ड्राफ्ट बनवाने सरीखे काम प्रमुख थे। उनके सुपुर्द किए गए कामों की सूची लंबी थी, अत: दोनों ही उन्हें पूरा करने निकल पड़े और लगभग तीन घंटे बाद लौट कर आए। उन्होंने हर एक काम को अच्छे से अंजाम दिया था और इसके लिए मेरी सराहना चाहते थे। वे अलग-अलग तरह के विभिन्न काम इसलिए कर सके, क्योंकि उनका जीवन एक ही समय विविध स्तरों पर काम करते बीता है। उन्हें ऊपरवाले ने यह खूबी बख्शी है कि वह अपने दिमाग में एक समय कई कामों को अंजाम देने का खाका खींच सकते हैं। यही नहीं, वह उन सभी को बगैर किसी त्रुटि के पूरा करने में भी सक्षम है।

लगभग छह माह पहले मुझे ऑडिट के सिलसिले में हांगकांग जाना पड़ा। वहाँ मैंने अपनी स्थानीय सहायकों को एक साथ अलग-अलग कुछ काम सौंपे। यह देख वे दो शिक्षित और खूबसूरत लड़कियाँ मुझसे बोलीं कि मैं उन्हें एक के बाद दूसरा काम दूँ। उनका आशय था कि मैं पहले उन्हें एक काम दूँ और जब वे उसे पूरा कर लाएँ, तो दूसरा काम दूँ। हांगकांग-प्रवास के उन तीन माह के दौरान मुझे उन दो लड़कियों के लिए बकायदा नोट्स बनाने पड़ते थे। वह जब एक काम पूरा कर लाती थीं, तो मैं दूसरे काम को उनके हवाले करता था। ऐसा मुझे इसलिए करना पड़ा, क्योंकि वह एक साथ कई कामों को अंजाम देने में सक्षम नहीं थीं। उन्हें बचपन से ही एक साथ कई काम दिमाग में रखकर पूरा करना नहीं सिखाया गया था। हमारे

यहाँ बचपन से ही एक बच्चा पिता, माता और दादा-दादी के काम करने लगता है। कभी-कभी पड़ोस के वृद्ध दंपती भी उसे कोई-न-कोई काम सौंप देते हैं। ऐसे में वह बच्चा हर एक काम को अंजाम देकर सभी को खुश रखने की कोशिश करता है। यही वजह है कि वह बड़ा होने पर एक साथ कई काम अंजाम देने में सक्षम होता है। इसके विपरीत, विकसित देशों में एक बँधी-बँधाई प्रक्रिया है, और यही वजह है कि वहाँ की पीढ़ी एक समय में कई कामों को अंजाम देने में सक्षम नहीं है। अगर हम इस प्रवृत्ति को बारीकी से देखें, तो पाएँगे कि हम अपने सहयोगियों को ढेर सारे काम एक साथ बता देते हैं। अच्छी बात यह है कि वे सभी को अच्छे से पूरा भी कर देते हैं। इस क्रम में दिए गए कामों में दस फीसदी की इधर-उधर जायज कही जाएगी।

फंडा *यह है कि भारतीय श्रमशक्ति एक समय में कई कार्यों को अंजाम देने के क्रम में शेष विश्व की तुलना में कहीं अधिक सक्षम है। यही खूबी उसे विश्व की श्रेष्ठ श्रमशक्ति भी बनाती है।*

□

नौकरी मिलते ही निश्चिंत न हो जाएँ

ऐसा प्रतीत होता है कि हममें से तमाम की यह प्रवृत्ति है कि एक बार रोजगार हासिल करते ही, मान बैठते हैं कि अब तो भविष्य सँवर गया। दैनिक भास्कर, इंदौर में बतौर संपादक काम करते हुए मैंने युवाओं में यह आम प्रवृत्ति देखी है। यह बात सरकारी नौकरियों पर तो सही उतरती है, जो कुल रोजगार का महज एक फीसदी हिस्सा ही प्रदान करती हैं। लेकिन शेष अर्थव्यवस्था इस सिद्धांत पर काम करती है कि जिसमें नौकरी लायक दक्षता हो, उसे ही नौकरी दो। यही कारण है कि सुयोग्य अभ्यर्थी को अच्छे वेतन पर रखा जाता है। उन लोगों की माँग भी बनी रहती है, जो निरंतर नई-नई चीजें सीखते रहते हैं और जो तेजी से बदलती दुनिया के अनुकूल स्वयं को ढाल लेते हैं।

इसे समझते हुए बहुत जरूरी है कि सीखने का अवसर सामने हो, तो कर्मचारियों को महज वेतन नहीं देखना चाहिए। जिस पद पर काम कर रहे हैं, उससे इतर जिम्मेदारियाँ क्या होती हैं, इसे जानना-समझना चाहिए। आज जहाँ नौकरी हासिल करना ही चुनौतीपूर्ण है, वहीं उसे बनाए रखना भी पहले से कहीं ज्यादा चुनौतीपूर्ण हो गया है। एक पुरानी कहावत है कि सूरज की पहली किरण फूटते ही जंगल का राजा शेर और हिरण दौड़ लगाना शुरू कर देते हैं। यह आज के दौर में भी बखूबी लागू होती है। हममें से कोई भी पहले हासिल की गई उपलब्धियों पर इतराता नहीं रह सकता है, यह नहीं मान सकता है कि हमने तो इतना कर लिया है, अब क्या फर्क पड़ता है! आज जरूरत है लगातार नया सीखने की और फिर आगे बढ़ने की। यह प्रक्रिया ताजिंदगी जारी रहती है। नई तकनीक,

मशीनों, बाजारगत बदलाव, नीतियों में बदलाव के बारे में लगातार सीखते रहकर ही हम स्वयं को रोजगार के लायक बनाए रख सकते हैं। शिक्षा प्राप्त करना तो इसकी एक प्रक्रिया है ही।

> **फंडा** *यह है कि हम जब कुछ नया सीखना बंद कर देते हैं, जब स्वयं को अपग्रेड करना बंद कर देते हैं, तो हमें गायब हो जाने के लिए तैयार हो जाना चाहिए।*

□

भारत में जॉब की कमी नहीं

एक लिफ्ट इंजीनियर दुबई स्थित कंपनी में विगत 15 सालों से 30 हजार रुपए के मासिक वेतन, आवास और खानपान की सुविधा पर काम कर रहा था। इसके अलावा ओवरटाइम करने से उसको अतिरिक्त कमाई होती थी। देखा जाए तो यह इंजीनियर वित्तीय रूप से काफी अच्छी स्थिति में था। इस लंबे समय की नौकरी के दौरान उसे दुनिया की उच्चतम इमारतों, तीव्रतम एलीवेटरों को देखने और निरीक्षण करने का भी अवसर प्राप्त हुआ। इस इंजीनियर का परिचय जीवन संबंधी आधुनिकतम प्रौद्योगिकी से हुआ।

विगत सप्ताह इस इंजीनियर ने अपने देश की धरती पर कदम रखा। यहाँ मुंबई स्थित देश की एक अग्रणी कंस्ट्रक्शन कंपनी ने उसे 60 हजार रुपए मासिक वेतन का नियुक्ति-पत्र सौंपा। यह कंपनी 100 मंजिला इमारत, मोनो रेल और सार्वजनिक एलीवेटरों आदि का निर्माण करने जा रही है। लिफ्ट इंजीनियर जैसी कहानी अब सैकड़ों की संख्या में लिखी और दोहराई जा रही हैं। दूसरे शब्दों में, अब विदेशों में इस तरह की हाई-प्रोफाइल नौकरी करनेवाले भारतीय स्वदेश लौट रहे हैं और वह वेतन पाने लगे हैं, जिनकी तमन्ना लिये शिक्षा पूरी करने के बाद वे विदेश का रुख करते थे। हमारे दिमाग में ऐसी बात आ सकती है कि विदेश से स्वदेश लौट रहे भारतीय इस तरह नौकरियों पर कब्जा कर रहे हैं, उन्हें ऊँचे वेतनवाली नौकरियाँ मिलती जा रही हैं, मगर देश में स्नातक की डिग्री हासिल करनेवाले युवकों का क्या होगा? अगर विदेश से वापसी करनेवाला इंजीनियर न होता तो उसकी भारत की यह नौकरी देश के किसी इंजीनियर को मिलती? लेकिन घबराने की जरूरत नहीं है, क्योंकि भारतीय अर्थव्यवस्था इतनी तेजी से विकास कर

रही है कि ऐसी नौकरियों का निर्माण बड़ी संख्या में हो रहा है। इसमें दो राय नहीं कि जिसने विदेश में काम किया है और तकनीक, मशीनी प्रणाली आदि का अनुभव हासिल किया है, उसके लिए भारत में बेहतर नौकरी मिलने की संभावना अधिक है। कंपनियाँ देश के बुनियादी ढाँचे के निर्माण में जुटी हैं और जॉब मार्केट का तेजी से विस्तार हो रहा है। विदशे में किसी कंपनी में थोड़े समय का अनुभव भी भारत में ऊँचे वेतनवाली नौकरी के दरवाजे खोल सकता है। रुपए की कीमत के बढ़ते जाने की वजह से विदेश की कमाई भी अब पहले जैसी चमकदार नहीं रह गई है।

फंडा *यह है कि अपनी कॅरियर लाइफ को चमकदार और शानदार बनाने के सपने देख रहे हैं तो अपनी आँखें और कान खुले रखें—भारत जॉब मार्केट के मुहाने पर खड़ा है—बशर्ते आप हुनरमंद और काम करने के लिए तैयार हों!*

□

बेहतर उत्पादकता के लिए कर्मचारियों में हुनर विकसित करें

आपको जिस तरह के कर्मचारी की तलाश है, बिलकुल वैसे ही कर्मचारी को हासिल करने की आवश्यकता नहीं है। सच्चाई तो यह है कि ऐसे किसी कर्मचारी को पाना काफी मुश्किल होता है, जो कि आपकी सभी शर्तों या जरूरतों को पूरा करता हो। इन सीमाओं को ध्यान में रखते हुए कंपनियाँ अब कर्मचारियों की नियुक्ति के मामले में नए मंत्र यानी नुस्खे आजमाने लगी हैं। इसके अंतर्गत ऐसे लोगों की भरती की जाती है, जो अपने जीवन में कुछ नई तकनीक सीखने की ललक रखते हैं और ऐसे लोगों को फिर इसके आधार पर सजाया-सँवारा जाता है। यदि किसी कर्मचारी को संगठन में वरिष्ठ पद पर नियुक्त किया जाता है, तो उसे जिस विभाग की जिम्मेदारी सौंपी जानी है, उसका तकनीकी हुनर होना चाहिए। क्योंकि यही उसके व्यक्तित्व की वह विशेषता होगी, जिसकी वजह से उसके साथी कर्मचारी उसके प्रति सम्मान का भाव रखेंगे।

दूसरी महत्त्वपूर्ण बात यह है कि वरिष्ठ कर्मचारी के पास उस हुनर का विकास और अनुसंधान करने की योग्यता होनी चाहिए। इससे उसके हुनर को समय के साथ चमकाने में मदद मिलेगी। तीसरी महत्त्व की बात यह है कि एक वरिष्ठ कर्मचारी में प्रभावशाली संवाद करने और अपनी बातें साफ ढंग से करने की क्षमता होनी चाहिए। इससे वह अपने कनिष्ठ कर्मचारियों को अपनी बात से कायल करने में सफल रहता है। कुछ में ऐसी विशेषता होती है तो कुछ में नहीं, लेकिन इसे विकसित किया जा सकता है।

चौथी जरूरी बात है—मानव प्रबंधन। एक वरिष्ठ कर्मचारी में ऐसा चार्म और

गुण होना चाहिए कि उसके जूनियर सहजता से उसे अपना लीडर मानने को तैयार हों। वे उसके आदेश को वेदवाक्य समझें। ऐसे लोगों को चमत्कारिक लीडर की संज्ञा दी जाती है। पाँचवीं और अंतिम बात का संबंध ऐसे लीडर के व्यक्तित्व के निर्माण और उसके चुंबकीय आकर्षण से होता है। किसी टीम का सर्वाधिक सलीकेदार और अच्छे पहनावेवाला लीडर सबसे सम्मानित होता है। किसी के व्यक्तित्व की पहली छाप उसके आकर्षक पहनावे के रंग-ढंग से ही होती है।

फंडा *यह है कि कोई संगठन या कंपनी अपने वरिष्ठ अधिकारियों और महत्त्वपूर्ण कर्मचारियों में अगर इन पाँच बातों को लागू करती है, तो कंपनी की उत्पादकता में वृद्धि के साथ उसका चहुँमुखी विकास होने की जबरदस्त संभावना जन्म लेती है।*

□

वक्त के साथ कार्यस्थल में भी बदलाव लाएँ

अगर आप किसी से कहें कि किसी कंपनी में काम करते हुए भी आप अपनी कंपनी खोल सकते हैं तो वह आपको सनकी या पागल ठहरा सकता है। इसमें किसी को आश्चर्य भी नहीं होना चाहिए। मगर यह बात किसी के दिमाग का फितूर नहीं, वरन् पूरी तरह सच है कि जिस कंपनी में आप काम कर रहे हैं, वह आपको अपनी कंपनी में ही जगह देगी और आपको अपनी निजी कंपनी खोलने की इजाजत दे सकती है और आप इसे चला भी सकते हैं।

महत्त्वाकांक्षी उद्यमियों द्वारा नौकरी छोड़कर खुद अपनी कंपनी खोलना कोई असामान्य बात नहीं रह गई है। सच्चाई तो यह है कि पूरे देश में नई कंपनियाँ खोलने का एक क्रेज पैदा हो गया है। नियोक्ताओं (दूसरे शब्दों में कहें तो स्थापित कंपनियों को) को इस वजह से अपने कई प्रतिभाशाली कर्मचारियों से हाथ धोना पड़ा है। इससे निपटने के लिए ये कंपनियाँ अपने कर्मचारियों को कंपनी में बनाए रखने के साथ उनकी व्यावसायिक उद्यमशीलता की चाहत को भी पूरा करने का अवसर प्रदान करने का रास्ता निकाल रही हैं। इस प्रयास में कंपनियाँ ऐसे कर्मचारियों को वित्तीय, कानूनी और परिचालन सपोर्ट प्रदान कर रही हैं। ऐसे में कर्मचारियों की किसी कंपनी में काम करने के साथ अपने बिजनेस आइडिया के साथ नई कंपनी चलाने की चाहत भी पूरी हो रही है। इस ट्रेंड को इंटेल इंक, माइक्रोसॉफ्ट कॉर्प और याहू इंक जैसी कंपनियों ने सफलतापूर्वक अपनाया है।

इंटेल ने 9 साल पूर्व न्यू बिजनेस इनिशिएटिव (एनबीआई) की अमेरिका में शुरुआत की थी, जिसने वाइमैक्स और विजुअल कंप्यूटिंग बिजनेस यूनिट का

निर्माण किया। भारत में इंफोसिस टेक्नोलॉजी के अंदर ही ऑन-मोबाइल ग्लोबल, एक वैल्यू एडेड सर्विस फर्म की शुरुआत की गई। किसी भी कर्मचारी के लिए इस ऊँचाई पर पहुँचने के लिए एक अनिवार्य शर्त यह है कि उस खास व्यक्ति में असाधारण योग्यता का होना जरूरी है, क्योंकि कोई कंपनी ऐसे कर्मचारियों का रिप्लेसमेंट नहीं खोज पाती है। ऐसी स्थिति में ही कोई कंपनी ऐसे कर्मचारी को अपने अधीन उसे निजी कंपनी खोलने के लिए सपोर्ट देने को तैयार होती है। दरअसल, बड़ी कंपनियाँ अपने कर्मचारी द्वारा शुरू की गई ऐसी कंपनियों की वित्तीय पार्टनर बन जाती हैं।

फंडा *यह है कि आज कार्यस्थल का रंग-रूप और आकार तेजी से बदल रहा है। अब यह आप पर निर्भर है कि बदलाव की बयार का लुत्फ उठाना चाहते हैं या फिर एक कोने में बैठकर दूसरों की उन्नति और प्रगति को देख सिर्फ जलते-भुनते रहना चाहते हैं? इसके लिए किसी को दोष देने से बेहतर है आप खुद पहल करें और आगे बढ़ें।*

□

उद्योगों की स्थापना लोगों पर निर्भर है

आखिरकार सभी आईटी इंडस्ट्रीज ने बंगलोर को ही अपना ठिकाना क्यों बनाया है ? यह प्रश्न कई महीनों से मुझे मथता रहा है। मैं पिछले चार महीनों से यहाँ हूँ और इसका जवाब मुझे अब जाकर मिला है। इसका कारण है बंगलोर के स्थानीय लोग और इस शहर की देश के ख्यात शिक्षा संस्थानों से नजदीकी। बंगलोर और कर्नाटक के बाहरी हिस्से में अच्छे गुणवत्ता प्रधान शिक्षा संस्थानों की कमी नहीं है। फिर मौसम एक और ऐसा कारण है, जिसकी वजह से तमाम बाहरी लोग यहाँ शिफ्ट होना चाहते हैं।

किसी भी उद्यमी के दिमाग में जो पहली चीज आती है, वह है शिक्षित और कर्मठ श्रमशक्ति की निर्बाध और निरंतर आपूर्ति। इस लिहाज से बंगलोर एक उपयुक्त स्थान है। इनके निर्णय को प्रभावित करनेवाला दूसरा कारण है सुहावना मौसम। समुद्र तल से 3000 मीटर की ऊँचाई पर स्थित होने के कारण बंगलोर मौसम के लिहाज से भी बेहतरीन शहर है। तीसरा और सबसे महत्त्वपूर्ण कारण है यहाँ के लोग। देश के अन्य हिस्सों के लोगों की तुलना में यहाँ के लोग कहीं अधिक सहनशील हैं। वे बात-बात पर सड़कों पर नहीं उतर आते। ये वे प्रमुख कारण हैं, जिनकी वजह से उद्यमी बंगलोर को अपना नया ठिकाना बनाने को बेताब रहते हैं। विद्युत् आपूर्ति से जुड़ा संकट, तंग सड़कें, ढाँचागत सुविधाओं की कमी उनके लिए इतनी परेशानी का सबब नहीं बनती। यद्यपि ऊपर गिनाए कारणों की तुलना में ये बातें भी कम महत्त्वपूर्ण नहीं हैं। फिर एक ऐसी बात जो उद्यमियों के

दिमाग में सर्वोच्च पायदान पर रहती है, वह है लोगों का माइंड सेट, उनका सरल व्यवहार और शिक्षित श्रम की उपलब्धता।

> **फंडा** *यह है कि अगर किसी जगह के लोग अच्छे, सहनशील और सरल हृदय हैं, तो बाकी सारी चीजें अपने आप ही सुव्यवस्थित हो जाती हैं।*

□

सोच-विचार का मौका दें

किसी औसत कर्मचारी के कार्यदिवस की शुरुआत अमूमन मीटिंग से ही होती है। संभव है कि उसे दोपहर में प्रेजेंटेशन देना पड़े और फिर मेल चेक करना और आवश्यक मेल के जवाब देना उसकी दिनचर्या में शामिल हो चुके होते हैं। इसके बीच-बीच में उसे विभागीय समस्याओं का समाधान और आउटसाइड क्लाइंट्स तथा मिलने-जुलनेवालों को भी समय देना पड़ता है। इस काम में व्यक्तिगत मेल चेक करना और कभी-कभार ऑफिस आ जानेवाले दोस्त एवं रिश्तेदार भी शामिल हैं। इन ढेर सारे कामों में वास्तविक अच्छा काम कहीं गुम हो जाता है। इस तरह फैले भ्रम में कर्मचारी भी सतही काम की संस्कृति के आदी हो जाते हैं।

आजकल के वर्क कल्चर में ज्ञान को अच्छे से सराहा जाता है, उसकी कद्र की जाती है। ऐसे में दिन-प्रतिदिन के काम के बोझ तले दबा औसत कर्मचारी न तो रचनात्मक सोच पाता है और न ही रचनात्मक काम कर पाता है। अनगिनत ई मेल, मीटिंग्स और फोन कॉल्स उसकी उत्कृष्ट विचारशक्ति को मौका नहीं देते। कंपनियों ने भी इस स्थिति को समझ लिया है और उन्होंने रचनात्मक सोच के लिए जरूरी समय की दरकार रखनेवाले चुनिंदा कर्मचारियों के लिए ऐसे कमरे बनाने शुरू कर दिए हैं, जहाँ न तो ई मेल होती है और न ही मोबाइल की घंटियाँ बजती हैं। इन कमरों को 'व्हाइट स्पेस' या 'क्रिएटिव रूम्स' की संज्ञा दी गई है।

सच तो यह है कि आईबीएम सरीखी कंपनी ने शुक्रवार को 'थिंक फ्राइडे' घोषित किया हुआ है। कारण, एक व्यस्त दिन लोगों को आस-पास घट रही घटनाओं पर ध्यान केंद्रित नहीं करने देता। इसी कारण आईबीएम जैसी कंपनी ने एक दिन ही निर्धारित कर दिया है, ताकि कर्मचारी विभिन्न रणनीतियों पर सोच-विचार कर सकें, जिस पर काम कर कंपनी आगे बढ़ सके।

फंडा *यह है कि भले ही कितना कठिन क्यों न हो, अपने कर्मचारियों को कम-से-कम एक दिन सोच-विचार के लिए जरूर दें।*

□

दूरदृष्टि व ऑपरेशनल दक्षता होना जरूरी

तमाम कंपनियों को अपने लोगों पर गर्व होता है और हो भी क्यों नहीं? उन्हें होना भी चाहिए। इन्हें इसलिए गर्व होता है कि उन श्रेष्ठ ऑपरेशनल लोगों का असर उत्पादकता में दिखाई पड़ता है। उत्पाद में गुणवत्ता परिलक्षित होती है। यही नहीं, वे दिन-प्रतिदिन नियत समय पर उत्पादन को अंजाम देते रहते हैं।

हालाँकि अमेरिका में जनरल इलेक्ट्रिक्स (जीई) के जैक वैल्श का मानना है कि कंपनी को चलाने के लिए सिर्फ ऑपरेशनल दक्षता का होना ही काफी नहीं है। उनके मुताबिक—'उनमें और क्या किया जा सकता है, देखने की दूरदृष्टि भी होनी चाहिए, ना कि कल क्या किया था, यह देखने की सीमित क्षमता।'

इसका सबक यही है कि छोटे या बड़े लीडर में दूरदृष्टि के अलावा अपनी ऑपरेशनल दक्षता से उपलब्ध ढाँचागत सुविधाओं का अधिक-से-अधिक इस्तेमाल करने का बेहतर संयोजन होना भी जरूरी है। यह किसी भी व्यक्ति के लिए बेहद महत्त्वपूर्ण है कि वह देख सके कि कंपनी सही दिशा में आगे जा भी रही है या नहीं।

जैक वैल्श के पास एक छह सदस्यीय क्रेक टीम है, जिसके सभी सदस्य अलग-अलग गुणों से भरपूर हैं। एक की पृष्ठभूमि आर्थिक है तो दूसरे की इंजीनियरिंग, तीसरे का ताल्लुक सेवा क्षेत्र से है तो चौथा किसी खास उद्योग की पूरी जानकारी रखता है।

पाँचवाँ सदस्य दूरदृष्टिवाला है तो छठा सदस्य किसी समस्या के सामने आने पर तारणहार साबित होता है। इनमें अगर कोई एक खास और समान बात है तो वह यही है कि सभी को अपने-अपने क्षेत्र की ऑपरेशनल दक्षता भी प्राप्त है। किसी भी टीम को किसी भी तरह की छोटी या बड़ी समस्या का हल ढूँढ़ने के लिए छह सदस्यों से बड़ी क्रेक टीम की जरूरत नहीं होती है।

फंडा *यह है कि किसी भी लीडर में दूरदृष्टि और ऑपरेशनल दक्षता का उचित मात्रा में होना उसे अपराजेय बनाता है।*

□

नौकरी जाना जीवन का अंत नहीं

उसकी नौकरी चली गई, चुनाव हार गया, व्यापार कामयाब नहीं रहा, पत्नी बीमारी से गुजर गई, उसे खुद नर्वस ब्रेकडाउन हुआ। सिलसिला यहीं खत्म नहीं हुआ, वह स्पीकर का इलेक्शन लड़ा और हार गया, नौकरी के लिए आवेदन किया तो मिली नहीं, सीनेट भी हार गया, वाइस प्रेसीडेंट और सीनेट के लिए दोबारा लड़ा तो फिर हार गया। दो साल बाद उसे अमेरिका का राष्ट्रपति चुना गया, यह अब्राहम लिंकन थे।

अलबर्ट आइंस्टीन एक साधारण पेटेंट क्लर्क थे और आगे चलकर विश्व प्रसिद्ध महान् वैज्ञानिक बने। गोल्डामैर स्कूल के साधारण शिक्षक थे और बाद में इजराइल के राष्ट्रपति बने। फ्रेंकलिन डी रूजवेल्ट बीमार थे और अमेरिका के राष्ट्रपति बनने के बाद उनके दोनों पैरों को लकवा मार गया।

अगर भारत की बात करें तो हमारे यहाँ एमएस ओबेरॉय नाम का एक साधारण क्लर्क था, जिसने आगे चलकर शानदार होटल शृंखला शुरू की। साधारण पिता की संतान केके पटेल सबसे ज्यादा बिकनेवाले निरमा वॉशिंग पावडर के मालिक बने। टोपीवाला जब शहर आए तो उनके हाथ में सौ रुपए और मैट्रिक का सर्टिफिकेट था, आज वह शृंगार बिंदी के जरिए पाँच करोड़ रुपए सालाना का व्यापार करते हैं। डॉ. शरद कुमार दीक्षित को दो बार हृदयाघात हुआ, शरीर का निचला हिस्सा काम नहीं करता, वोकल कॉर्ड निकाली जा चुकी है। इसके बाद भी 45 हजार सर्जरी मुफ्त में कर चुके हैं। सबसे ज्यादा खास और रोचक बात यह है कि बिथोवन बहरे थे, लेकिन दुनिया के महानतम म्यूजिक कंपोजर बने।

फंडा *यह है कि अपने आस-पास मौजूद नकारात्मक अँधेरे को कोसने के बजाय कार्य करने में यकीन रखें। इस कॉलम के नाते नौकरी गँवा चुके लोगों से मेरी अपील है कि जीवन इससे ही खत्म नहीं होता। अगर ऊपरवाला एक दरवाजा बंद करता है तो सौ दरवाजे खोलता भी है।*

पुराने कर्मियों की न हो अनदेखी

हाल ही में मैंने माइकल वॉटकिंस की किताब 'द फर्स्ट 90 डेज' पढ़ी। इस किताब का सारांश कुछ इस प्रकार है : यदि आपको साक्षात्कार के विभिन्न चरणों से गुजरने के बाद ऐसा ऑफर लेटर मिलता है, जिसमें आपके द्वारा माँगी गई रकम दर्ज होती है, तब भी आप निश्चिंत नहीं हो सकते। ऐसा इसलिए, क्योंकि किसी भी काम में शुरुआती 90 दिन आपके कॅरियर को बना या बिगाड़ सकते हैं। किताब में कहा गया है—'आपकी सफलता इस बात में निहित है कि कॅरियर के अगले चरण में आप कहाँ पहुँचते हैं।' नए कॅरियर में यह क्षमता होती है, वह आपका कॅरियर पूरी तरह बरबाद भी कर सकता है।

इस खतरे को भाँपते हुए कई संस्थान अपने कर्मचारियों को पहले दो महीने जमने का मौका देते हैं और इसके बाद उनकी परफॉर्मेंस का आकलन करना शुरू करते हैं। यह एक तरह से शादी के बाद हनीमून जैसा है कि नई नौकरी में कर्मचारी को जमने के लिए कुछ समय मिलता है। लेकिन कंपनियाँ तबादले और पदोन्नति के बारे में एक अहम बात भूल जाती हैं। माइकल वॉटकिंस कंपनियों को चेताते हुए कहते हैं कि तबादले और पदोन्नति का मसला सही तरीके से सँभालना कंपनी की रिस्क मैनेजमेंट स्ट्रेटेजी का अहम हिस्सा होना चाहिए। जहाँ कंपनियाँ नए कर्मचारियों पर ध्यान दे रही हैं, वहीं वे अपने पुराने कर्मचारियों की पूरी तरह अनदेखी करती हैं।

जब कोई कर्मचारी पदोन्नत होता है तो अचानक अपने साथी कर्मचारियों से आगे हो जाता है और यह तबादले या पदोन्नति के दौरान सबसे मुश्किल घड़ियों में से एक है। इससे साथी कर्मचारियों के साथ उसके संबंधों पर असर पड़ता है। इस बात की काफी संभावना है कि पदोन्नत कर्मचारी कुछ समय बाद नौकरी छोड़कर

चला जाए, क्योंकि पदोन्नति के बाद उपजे हालात के साथ कई बार वह तालमेल नहीं बिठा पाता।

वॉटकिंस का सुझाव है कि एचआर विभाग को कंपनी की बेहतरी के लिए न सिर्फ नए कर्मचारियों पर फोकस करना चाहिए, बल्कि मौजूदा अच्छे कर्मचारियों पर भी पूरा ध्यान देना चाहिए, जिन्हें तबादला, पदोन्नति और नई परियोजनाओं के नाम पर लगातार आगे धकेला जाता है।

फंडा *यह है कि एचआर विभाग को तबादले और पदोन्नति को भी नई भर्तियों की तरह देखना चाहिए। वह सभी कर्मियों के साथ नरमी से पेश आए, वरना अच्छे कर्मचारी नौकरी छोड़ सकते हैं।*

□□□